DES
PARTAGES D'ASCENDANTS

ET DES
MODIFICATIONS A INTRODUIRE DANS LA LOI
SUR CETTE MATIÈRE
A PROPOS DE L'ENQUÊTE AGRICOLE

Par M. F. BARAFORT

Président de Chambre à la Cour Impériale de Lyon,
Membre de la Légion-d'Honneur.

———>∘<∘——

PARIS

Aug. DURAND et PÉDONNE-LAURIEL,
LIBRAIRES-ÉDITEURS
Rue Cujas, 7, ancienne rue des Grès.

1869

DES PARTAGES D'ASCENDANTS

ENQUÊTE AGRICOLE.

C.

DES
PARTAGES D'ASCENDANTS

ET DES

MODIFICATIONS A INTRODUIRE DANS LA LOI

SUR CETTE MATIÉRE

A PROPOS DE L'ENQUÊTE AGRICOLE

Par M. F. BARAFORT

Président de Chambre à la Cour Impériale de Lyon,
Membre de la Légion-d'Honneur.

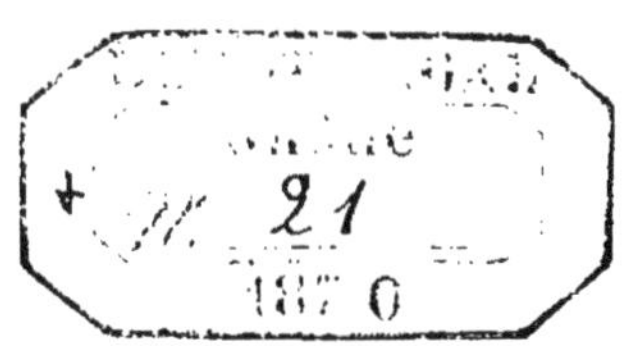

PARIS

Aug. DURAND et PÉDONNE-LAURIEL,

LIBRAIRES-ÉDITEURS

Rue Cujas, 7, ancienne rue des Grès.

1869

INTRODUCTION.

La Commission supérieure de l'enquête agricole
faite en 1866, 1867 et 1868, a renvoyé plusieurs
questions importantes à divers rapporteurs ou à des
sous-commissions spéciales.

M. de Forcade, alors ministre de l'agriculture, du
commerce et des travaux publics, président de
cette Commission, dans son rapport à S. M. l'Empereur sur les résultats de l'enquête, s'est exprimé
en ces termes au sujet des partages anticipés :
« Quant à la législation civile, l'opinion publique
» s'est souvent montrée préoccupée des difficultés
» que soulèvent dans les partages en général, et en
» particulier dans les partages d'ascendants, les
» dispositions des articles 826 et 832 du C. Nap.
» — On a fait valoir devant la Commission supé-
» rieure l'avantage qui résulterait pour l'agriculture
» de dispositions nouvelles qui, tout en respectant

6

» les règles de la quotité disponible, *permettraient*
» *d'attribuer à l'un des héritiers le domaine immo-*
» *bilier de la succession en donnant aux autres les*
» *valeurs mobilières.* La jurisprudence de la Cour
» de cassation qui, dans les partages d'ascendants,
» décide que l'estimation des biens doit être faite
» d'après leur valeur à l'époque du décès de l'as-
» cendant donateur, a été considérée comme de
» nature à favoriser des procès regrettables. On
» s'est généralement prononcé pour une modifica-
» tion législative qui permettrait d'estimer les biens
» à l'époque du partage *pour l'application des règles*
» *de la quotité disponible.* — L'action en nullité ou
» en rescision des partages d'ascendant a paru éga-
» lement pouvoir être réduite à un délai plus court. »
(Voy. le rapport de Son Exc. M. de Forcade.)

M. le président Réquier (*Traité théorique et pratique des partages d'ascendants;* 1868, p. 454 et
suiv.) a formulé les modifications législatives indiquées dans les lignes qui précèdent; il y en a même
ajouté quelques autres sur lesquelles nous n'avons
pas à nous expliquer.

Un rapporteur spécial paraît avoir été chargé de
faire une nouvelle étude de ces questions et de pré-
parer, de concert avec l'administration, un projet
de loi destiné à mettre un terme à des controverses
qui se traduisent trop souvent en déplorables con-

testations, là où le père de famille avait voulu faire régner la bonne intelligence et la paix.

La réforme législative porterait donc sur trois points :

1° Il serait permis à l'ascendant donateur d'attribuer à un ou plusieurs de ses descendants les entiers immeubles de la succession et de remplir les autres de leurs droits en valeurs mobilières;

2° Les biens donnés devraient être estimés suivant leur valeur à l'époque du partage, en cas d'exercice des actions autorisées par l'article 1079 du C. Nap.;

3° La prescription des actions dirigées contre les partages d'ascendants devrait être réduite à un court délai, celui de deux ans, par exemple.

L'enquête ouverte par le gouvernement proposait de nombreuses questions toutes dignes du plus sérieux examen. Elle faisait appel non-seulement aux hommes qui s'occupent d'agriculture, mais aussi *aux jurisconsultes, aux financiers, aux savants, et même aux hommes d'Etat.* Elle demandait notamment quels seraient dans la législation civile et générale les points auxquels il paraîtrait y avoir lieu d'apporter des modifications que l'on pourrait considérer comme utiles à l'agriculture : sujet bien vaste et d'un immense intérêt, qui demanderait des volumes à quiconque voudrait le traiter dans son ensemble.

Il ne saurait entrer dans nos vues d'entreprendre rien de pareil ; toutefois, comme il est, croyons-nous, du devoir de chacun de porter sa pierre à l'édifice, nous avons le projet d'examiner :

En premier lieu, si, avec la législation actuelle, les articles 826 et 832 du Code Napoléon sur le mode de formation des lots, dans les partages de succession, sont rigoureusement applicables aux partages d'ascendants ;

En second lieu, si les biens donnés et partagés par acte entre-vifs doivent être estimés, dans les cas prévus par l'article 1079, suivant leur valeur à l'époque du partage, ou suivant leur valeur à l'époque du décès du donateur, mais d'après leur état au moment de la donation-partage ;

En troisième lieu, nous tâcherons de nous expliquer sur les mesures législatives qui sont proposées et d'indiquer celles qui devraient, à notre avis, être admises.,

§ Ier.

Si les articles 826-832 du Code Napoléon sont rigoureusement applicables aux partages d'ascendants.

Sous l'empire du Code Napoléon, est-il permis à l'ascendant donateur ou testateur qui fait un partage en conformité des articles 1075 et suivants, de mettre dans le lot de l'un de ses enfants ses entiers immeubles, et de remplir les autres de leurs droits en argent ou en valeurs purement mobilières ?

Il est téméraire sans doute de revenir sur une question tranchée par la jurisprudence de la Cour de cassation elle-même, dans un sens contraire à l'opinion que nous croyons devoir soutenir. S'incliner, dans tous les cas douteux, devant les décisions de la Cour suprême, est certainement une règle fort sage que nous sommes dans l'habitude de pratiquer. Aussi bien, nous est-il fréquemment arrivé de faire taire nos scrupules ou de réprimer nos doutes en présence des solutions persistantes d'une juridiction placée si haut dans le respect de tous, et nous osons dire, dans le nôtre en particulier. Nous ne saurions oublier d'ailleurs que l'uniformité dans la jurisprudence est un véritable bienfait pour les justiciables. Mais, puisque des voix très autorisées demandent une révision de nos textes, révision qui serait contraire aux décisions généralement admises sur notre difficulté, il est bien permis d'interroger avec soin la loi de la matière et de rechercher si l'interprétation qu'elle a reçue ne serait pas empreinte d'un rigorisme exagéré. A quoi bon, en effet, changer ou modifier la loi, si la loi n'est pas absolument contraire à la solution qu'on veut faire admettre ?

L'article 1075 C. Nap. dispose que les père et mère et autres ascendants pourront faire entre leurs enfants et descendants la *distribution* et le partage de leurs biens.

Notre intention n'est pas de nous livrer à des généralités sur les avantages incontestables et l'utilité manifeste des partages d'ascendants ; cela nous mènerait trop loin et sortirait des bornes restreintes de notre sujet. Nous ne saurions, toutefois, renoncer à quelques citations qui sont propres, ce nous semble, à jeter un grand jour sur notre question.

« Le législateur, disait le Premier Consul dans la
» discussion de la loi du 4 germinal an VIII, en dis-
» posant sur cette matière, doit avoir essentielle-
» ment en vue les fortunes modiques. *La trop grande
» subdivision de celles-ci met nécessairement un
» terme à leur existence*, surtout quand elle entraîne
» l'aliénation de la maison paternelle qui en est,
» pour ainsi dire, le point central. »

« La division égale des biens, ajoutait M. Bigot-
» Préameneu, détruit les petites fortunes. *Un petit
» héritage coupé en parcelles n'existe plus pour per-
» sonne.* Si l'héritage demeure entier, il reste un
» centre commun à la famille. » (Locré, tome II,
p. 156 et 159.)

« Le partage d'ascendant, disait encore le même
» orateur sur les articles 1075 et suivants du
» C. Nap., est le dernier et l'un des actes les plus
» importants de la puissance et de l'affection des
» pères et mères..... A qui donc pourrait-on confier
» avec plus d'assurance *la répartition des biens entre
» les enfants* qu'à des pères et mères qui, mieux que
» tous les autres, en connaissent la valeur, les avan-
» tages et les inconvénients, à des pères et mères
» qui rempliront cette magistrature, non-seulement
» avec l'impartialité du juge, mais encore avec ce
» soin, cet intérêt, cette prévoyance que l'affection
» paternelle peut seule inspirer..... — C'est ainsi que

» le père de famille peut éviter des démembrements,
» conserver à l'un des enfants l'habitation qui
» pourra continuer d'être l'asile commun, réparer
» les inégalités naturelles ou accidentelles. En un
» mot, c'est dans l'acte de partage qu'il pourra le
» mieux combiner et en même temps *réaliser la ré-*
» *partition la plus équitable et la plus propre à*
» *rendre heureux chacun de ses enfants.* » (Locré,
loc. cit., p. 414, 415, 417.)

Le lecteur peut parcourir la discussion de la loi des partages d'ascendants; il en saisira mieux l'esprit général et demeurera convaincu que, dans la pensée du législateur, un pouvoir illimité, quant au mode de distribution de ses biens, était concédé à l'ascendant, sauf le cas de nullité de l'article 1078 et les cas de rescision ou de réduction de l'article 1079.

Il est vrai que, sous nos anciennes coutumes, les ascendants n'avaient pas une telle faculté. Mais il ne faut pas perdre de vue, d'une part, que plusieurs de ces coutumes, celles dites *coutumes d'égalité*, prohibaient tout avantage entre héritiers, et, d'autre part, que les immeubles constituaient autrefois une nature de biens en quelque sorte privilégiée. « Si
» un père, disait Boullenois, ayant plusieurs fonds
» propres et de simples deniers comptants, donnait
» à l'un tout son argent comptant, et à l'autre tous

» ses propres, je croirais que le fils serait en état,
» après la mort du père, de demander part dans les
» fonds en offrant de partager les deniers. — Ma
» raison est que je ne trouve pas que le père, dans
» son partage, ait observé l'égalité, étant certain
» que des deniers comptants n'ont pas la même
» stabilité que les fonds. Joint à cela que les propres
» ne sont pas volontiers sous la disposition testa-
» mentaire ou à cause de mort du père démettant. »
(Voy. *Quest. 5* sur les *démissions de biens.*)

Il est à remarquer que l'opinion de Boullenois,
qu'un père ne pouvait pas donner à l'un de ses enfants la totalité de ses biens immeubles, reposait,
du moins en partie, sur la défense faite par les coutumes de disposer, testamentairement ou à cause de
mort, des héritages propres au-delà d'une certaine
quotité. (Voy. Pothier, *Des démis. de biens*, t. X.
p. 166 et suiv., édition Dupin.)

Il est à remarquer surtout que cette opinion de
notre ancien auteur était déterminée par un motif
qu'il devait trouver péremptoire. « Le père de famille, disait-il, *n'avait pas observé l'égalité.* » A
cette époque, en effet, l'état d'infériorité de la propriété mobilière était incontestable. L'industrie et le
commerce n'ayant pas encore acquis le développement qui leur a été donné depuis lors, les capitaux
n'offraient certainement pas les avantages que plus
tard ils ont dû présenter.

De nos jours, les biens immeubles n'ont plus sur les valeurs mobilières la prépondérance considérable qu'ils avaient autrefois. Présentent-ils des garanties plus certaines de stabilité que les biens d'une autre nature ? Il est permis d'en douter. Dans tous les cas, leur revenu est bien moindre que celui des actions ou des obligations sans nombre qui circulent de toutes parts et qui forment maintenant la principale richesse du pays. De la sorte, il est vrai de dire que les avantages des deux genres de propriétés mobilière et immobilière se balancent et s'équilibrent aujourd'hui.

Quoi qu'il en soit, deux considérations préliminaires nous paraissent se dégager du texte des articles 1075 et suivants du C. Nap. et des citations empruntées à la discussion législative de ces textes.

La première, c'est qu'en se plaçant au point de vue le plus élevé de la question, le législateur a voulu laisser au père de famille préoccupé de l'avenir de ses enfants et désireux de maintenir, après son décès, la bonne harmonie parmi eux, une grande liberté d'action dans la répartition des biens dont il les gratifie. En vue de ce résultat, les pères et mères et les autres ascendants ont été investis d'une véritable magistrature.

La deuxième considération qui nous frappe, c'est que l'ascendant est le maître absolu, le *dominus* de son patrimoine; qu'il veut bien le distribuer dans l'intérêt ou pour le plus grand avantage de ses enfants, et qu'une telle situation ne saurait être confondue avec celle des enfants devenus co-propriétaires de la chose commune par le décès de leur auteur et devant se la partager sur un pied d'égalité parfaite, avec tous les droits qui résultent de la co-propriété. De là découle cette conséquence toute naturelle, qu'il convient d'accorder à l'ascendant auteur de la libéralité, dans le mode de distribution de ses biens, une facilité que n'a pas le juge quand il procède au partage d'une succession indivise entre les ayant-droit.

Sous l'influence de ces premières données, est-ce faire violence au texte de la loi qu'en tirer cette conclusion, que les ascendants pourront *distribuer* leur patrimoine en évitant des morcellements d'immeubles préjudiciables aux intérêts bien entendus des enfants; qu'ils pourront combiner et opérer la répartition de ce patrimoine qui leur paraîtra la plus équitable, la plus utile, la plus conforme à la profession, aux goûts et aux convenances de chacun de leurs descendants? L'article 1075 C. Nap. a dit que les pères et mères et les autres ascendants pourront faire la *distribution* et le *partage* de leurs biens. *Distribution* et *partage* ne signifient pas une seule et même chose; le législateur n'a pu méconnaître la valeur des termes clairs et précis qu'il avatt soin d'employer.

L'article 1076 ajoute que les partages d'ascendants pourront être faits par actes entre vifs ou testamentaires, avec les *formalités, conditions* et *règles* prescrités pour les donations entre-vifs et les testaments. Voilà bien le renvoi le plus explicite aux formalités, conditions et règles des donations entre-vifs et des testaments. Il n'est pas dit un mot de renvoi aux règles des partages judiciaires. Cette remarque vaut d'être faite, il nous semble : le législateur s'occupe d'un partage tout-à-fait exceptionnel ; il renvoie à certaines règles, il ne renvoie pas à certaines autres ; la conclusion paraît se déduire d'elle-même ; ces autres règles ne seront point applicables, elles ne le seront pas surtout à peine de nullité.

Les articles 1078-1079 posent des cas de nullité du partage d'ascendant pour omission d'enfant, de rescision pour cause de lésion, de réduction pour avantage plus grand que la loi ne le permet, c'est-à-dire pour violation des règles de la réserve légale et de la quotité disponible. Le système est complètement organisé dans les textes spéciaux à la matière. Or, pas une disposition n'est écrite nulle part sur le mode de formation des lots. Ne semble-t-il pas naturel d'en conclure que cette formation est abandonnée à la sagesse, à l'équité des pères et des mères qui rempliront la magistrature patriarcale dont ils sont investis avec les sentiments que se plaisait à leur supposer M. Bigot-Préameneu dans la discussion de la loi ?

L'ascendant possède un domaine immobilier et des capitaux. Il a trois, quatre, cinq enfants ou un plus grand nombre. Le morcellement du domaine immobilier serait désastreux ; la division de cette exploitation agricole en serait la ruine Inspiré par un sentiment de sage prévoyance, ce père de famille attribue son domaine tout entier à l'un de ses enfants agriculteur de profession ; les autres, commerçants, industriels, ou filles à marier, sont pourvus de leurs droits en sommes d'argent qui feront prospérer leur commerce, leur industrie, ou qui pourront leur faciliter un établissement par mariage. Si le père qui a procédé sur de telles bases et sous l'influence de telles circonstances, a commis une violation radicale de la loi, il nous semble que la loi est défectueuse et que mieux valait ne pas autoriser cet ascendant à faire lui-même la *distribution* et le partage de ses biens. Qu'y a-t-il à lui reprocher, en effet, les cas de violation des articles 1078 et 1079 exceptés, si ce n'est d'avoir fait la meilleure et la plus intelligente répartition de son patrimoine ?

Il faut reconnaître que la jurisprudence et la doctrine se sont très fréquemment prononcées dans un sens contraire à notre manière de voir. Ainsi, l'on décide généralement que les partages d'ascendants sont soumis aux règles d'après lesquelles les immeubles d'une succession doivent être partagés en nature entre les ayant-droit, à moins que le partage ne soit impossible, ou qu'il ne puisse se faire commodément. Les partages d'ascendants, dit-on, tout comme les partages ordinaires, ont pour base l'égalité; et de ce principe on conclut à l'application des articles 826 et 832 C. Nap. — A cette règle générale on admet une seule exception que nous venons d'indiquer, celle de l'impossibilité absolue ou relative d'une division en nature, comme en matière de partage judiciaire.

Ainsi, l'on exige que le père de famille qui veut user de la faculté accordée par les articles 1075 et suivants, se conforme aux prescriptions littérales de l'article 832, toutes les fois que la chose est matériellement praticable, et qu'il fasse entrer dans chaque lot, à peine de nullité du partage, la même quantité de meubles, d'immeubles, de droits ou de créances de même nature et de même valeur. De la sorte, on voit souvent porter en justice ces regrettables actions fondées sur une composition irrégulière de lots. De la sorte, le prétoire de nos tribunaux retentit fréquemment de ces débats affligeants pour les magistrats qui les entendent ou les jugent, et ruineux pour les familles qui les provoquent ou les subissent.

Prenons-en un exemple dans la pratique de tous les jours. Un père avait trois enfants, un fils et deux filles. Son patrimoine pouvait s'élever à 150 mille francs, dont un tiers en immeubles et les deux tiers en valeurs mobilières. Avancé en âge, ou fatigué de l'exploitation de son domaine et de l'administration de ses capitaux, il avait fait entre ses enfants le partage anticipé de ses biens par acte entre-vifs, se réservant seulement une pension viagère. Dans ce partage, le fils aîné avait reçu la totalité des immeubles ; chacune des deux filles avait touché cinquante mille francs en argent. Tout était pour le mieux ; l'égalité la plus réelle avait régné dans cette répartition. Ajoutons que les deux jeunes filles, à la faveur d'une dot en numéraire, avaient fait des mariages avantageux. Au décès du père de famille, les immeubles ayant pris quelque accroissement de valeur entre les mains du fils, une demande en nullité du partage anticipé est formée pour violation des articles 826 et 832 C. Nap. — En force de la jurisprudence établie, cette action sera nécessairement accueillie, à moins que les immeubles ne soient impartageables ou ne puissent pas être commodément divisés en trois lots.

Il est **vrai** que les tribunaux, frappés souvent de l'injustice de ces demandes, se laissent aller sans peine à cette déclaration en fait, que les immeubles ne pourraient pas être partagés conformément aux droits des parties, sans dépréciation notable. Mais ce n'est là, dans beaucoup de cas, qu'un tempérament d'équité, tranchons le mot, qu'un expédient quelquefois peu digne de la justice. — Eh bien ! nous croyons que si les véritables principes pouvaient triompher, le juge devrait repousser, en droit, des prétentions marquées au coin d'une mauvaise foi qui nous a paru souvent évidente. — Nous ne saurions admettre, en effet, que la pensée des auteurs du Code Napoléon ait pu être de favoriser d'injustes réclamations, et nous trouvons la preuve d'une volonté contraire dans la discussion de la loi dont nous citions quelques passages en commençant cet écrit.

Un arrêt de la Cour suprême du 26 mars 1846 (Dal. 46, I, 374, et S. 47, I, 120) avait pourtant reconnu que si, parmi les règles tenant essentiellement à la nature des partages, domine celle qui veut la juste et égale distribution des biens dans chaque lot, selon leur qualité, quantité et valeur, IL EST TOUJOURS AU POUVOIR DU PÈRE, *en ne réduisant aucun de ses enfants à une condition moins avantageuse que celle des autres, de combiner et de modifier cette distribution elle-même de manière à satisfaire le*

mieux possible à leurs intérêts, convenances et situa-
tions respectives, et assurer par là la stabilité et la
paix des familles.

Cette décision se rapproche beaucoup de notre manière de voir. *Qu'il soit toujours au pouvoir d'un père de famille de combiner, de modifier la distri-bution de ses biens*, ainsi que vient de le dire la Cour de cassation, et nous voilà satisfait. Avec une telle concession, on est bien près de la thèse que l'ascendant aura la faculté d'apprécier ce qui convient le mieux à chacun de ses enfants.

Sans doute, nous admettrions que si, dans le but unique et parfaitement démontré de favoriser un de ses descendants, le chef de famille lui attribuait tous ses immeubles, alors que ces immeubles étaient aussi bien, peut-être mieux, à la convenance des autres enfants, on déclarât qu'une volonté arbitraire, injuste, ne doit pas être respectée. Mais quand il est notoire que les biens immobiliers étaient à la convenance exclusive de Paul, et nullement à celle de Pierre, nous ne saurions admettre que Pierre, rempli de ses droits en numéraire ou en valeurs mobilières quelconques, pût élever la voix contre des dispositions sagement arrêtées dans son intérêt personnel, aussi bien que dans l'intérêt de son frère. Nous voyons là, de sa part, une spéculation condamnable qui nous semble proscrite par les règles spéciales de la matière.

Cela est tellement vrai, que si l'on tient à l'application rigoureuse des articles 826 et 832 du C. Nap., nous ne comprenons pas pourquoi, faisant un choix purement arbitraire entre les diverses dispositions de la loi des partages, on ne tient pas de même à l'application de l'article 827. Ce dernier texte dispose que si les immeubles de la succession ne peuvent pas se partager commodément, il doit être procédé à la vente par licitation devant le tribunal. L'article 827 et l'article 826 sont liés l'un à l'autre ; l'un et l'autre découlent du principe absolu de l'égalité dans les partages. Introduire la règle de l'un de ces textes dans les partages d'ascendants et refuser de leur appliquer la disposition de l'autre nous paraît la plus manifeste anomalie et le plus choquant arbitraire.

Aussi, M. Genty, dans son *Traité des partages d'ascendants* (p. 146), cédant aux rigueurs de la logique, va-t-il jusques à soutenir que si l'ascendant n'a qu'un domaine immobilier et que la division en nature de ce domaine ne soit pas praticable, la voie du partage anticipé lui est interdite. Cet auteur distingue, il est vrai, entre le partage entre-vifs et le partage testamentaire ; mais ceci tient à un autre ordre d'idées auquel nous viendrons tout-à-l'heure. « Puisque la règle, dit-il (p. 145), qui prescrit la li- « citation quand la division en nature ne peut pas

« avoir lieu, n'est que la conséquence des principes
« mêmes du partage, cette règle est tout aussi obli-
« gatoire pour l'ascendant qui veut faire un par-
« tage, que l'est celle qui prescrit la division en
« nature quand cette division est possible. La lici-
« tation, en effet, forme pour les héritiers, dans le
« cas où la loi l'ordonne, un droit aussi plein, aussi
« complet que le droit d'obtenir, dans les autres
« cas, une part en nature. Il ne serait pas plus
« permis aux tribunaux de porter atteinte à l'une,
« qu'il ne leur est permis de porter atteinte à l'au-
« tre. Car la loi n'a pas distingué ; et ce qui n'est
« pas permis aux tribunaux, ne l'est pas davan-
« tage aux ascendants, lors du moins que la loi
« n'en a pas décidé autrement. »

Mais la pratique la plus générale, la plus constante, proteste contre cette opinion. Un notaire, en
effet, eut-il jamais la pensée de conseiller à un
ascendant la licitation d'un immeuble pour opérer le
partage des articles 1075 et suivants ? Une telle
théorie fut-elle jamais appliquée, soutenue même,
devant les tribunaux ?

La conséquence du système de notre savant auteur serait que le partage d'ascendant demeurerait
interdit, au moins sous la forme testamentaire, à quiconque n'aurait qu'un immeuble dont la division en
nature ne serait pas praticable.

Mais le partage d'ascendant déclaré impossible, sous une des deux formes autorisées par la loi, parce que le patrimoine d'un père de famille serait de telle ou telle nature, c'est la violation flagrante, croyons-nous, des articles 1075 et suivants; ou plutôt, c'est l'abrogation même de ces textes de loi. Quand le législateur disait : *On pourra*....... il ne se doutait guère que les commentateurs trouveraient des cas fréquents dans lesquels il faudrait dire, au contraire : *On ne pourra pas*......

Insistons encore sur l'inconséquence d'une théorie qui recourt à certains textes de la loi des partages, et qui refuse d'en appliquer certains autres. — On veut que la formation des lots soit opérée conformément aux prescriptions de l'article 832 Code Napoléon..... Mais pourquoi ne pas procéder de même à cette opération suivant les dispositions de l'article 831 du même Code ? Pourquoi ne pas faire composer les lots par un expert ? Pourquoi même ne pas faire estimer préalablement les biens à partager par un ou trois experts que devrait choisir le père de famille, en conformité des règles du droit commun ? Pourquoi ne pas procéder enfin par voie de tirage au sort des lots conformément à l'article 834 du Code Napoléon et aux dispositions du Code de procédure civile ?

Personne, que nous sachions, n'a osé se montrer

logique jusques-là. Et cependant, dès qu'on entre dans la voie des emprunts à une autre loi, il n'y a pas de raison de s'arrêter arbitrairement à tel point plutôt qu'à tel autre, et de se restreindre sans motif à tel texte plutôt qu'à tel autre.

Nous pouvons donc conclure avec assurance, ce semble, que puisque l'ascendant est, à bon droit, affranchi de l'obligation de faire estimer ou former les lots, et de les faire tirer au sort, malgré les prescriptions de la loi du partage ordinaire, il demeure nécessairement en possession de la faculté de les composer lui-même, par attribution, de la manière la plus opportune, en plaçant les immeubles dans un lot et les valeurs mobilières dans l'autre, s'il le juge convenable aux intérêts des donataires ou des légataires co-partagés.

Cette faculté résulte pour nous de la nature des choses, et nous ne comprenons guère qu'on confonde le partage d'ascendant avec le partage judiciaire, à ce point qu'on veuille appliquer au premier des règles qui nous paraissent exclusivement faites pour le deuxième. Nous le disions il n'y a qu'un instant, personne n'a voulu soutenir que la formation des lots par experts et le tirage au sort fussent entrés dans le vœu du législateur en matière de partage d'ascendant. Mais si de telles opérations ne sont pas même supposées, avec les articles 1075 et suivants, ne faut-il pas reconnaître que le lotissement par voie d'attribution est la règle absolue du partage anticipé?

Or, de même que les prescriptions de l'article 832 ont leur raison d'être dans le partage judiciaire, les convenances de chaque enfant s'imposent d'elles-mêmes dans l'attribution qui devra lui être faite par le père de famille. En d'autres termes, l'égalité dans la *nature* des biens, de même que dans leur *quantité*, s'explique très bien avec les chances aveugles du tirage au sort; mais là où cette opération ne saurait être admise, on ne conçoit, comme raisonnable et sage, que l'attribution équitablement faite par le père de famille, suivant la position et les convenances de chaque enfant.

Nous ne voyons à tout ceci qu'une seule difficulté; l'ascendant pourrait abuser de la faculté qu'on lui donne, et faire entre ses enfants une répartition inégale de ses biens. — Entendons-nous. — Si l'une ou l'autre disposition de l'article 1079 se trouve violée, les droits des enfants restent saufs ; qu'ils se présentent devant les tribunaux, chacun d'eux obtiendra l'entière portion que la loi lui assure. Mais un des enfants se dirait-il lésé parce que tel immeuble serait attribué à son frère, et que tel objet mobilier lui serait attribué à lui même ; le législateur n'a pas autorisé d'action judiciaire pour ce cas ; il a sagement compté sur la justice et sur le cœur d'un père; il a cru devoir supposer à l'auteur du partage non-seulement l'*impartialité du juge*, *mais encore ce soin, cet intérêt, cette prévoyance, que l'affection paternelle peut seule inspirer.* NULLUS EST AFFECTUS QUI PATERNUM VINCAT !

On objecte cependant qu'un droit de co-propriété sur tous les objets de la masse partageable appartient à chacun des enfants, et de ce droit de co-propriété l'on tire cette conséquence que chaque co-partageant peut, après le décès de l'auteur du partage, se faire attribuer sa part en nature de tous les biens meubles et immeubles.

Cette objection, à notre avis, consiste à raisonner tout comme si les articles 1075 et suivants n'existaient pas dans notre Code Napoléon. Sans doute, tout héritier a sur les biens de son auteur un droit incontestable de co-propriété ; et comme ce droit, celui d'un réservataire surtout, consiste à pouvoir demander une part de chacun des objets à partager, il est certain que, dans une succession *ab intestat*, chaque enfant obtient sa portion des immeubles et des meubles trouvés dans le patrimoine du défunt, si la division en est possible sans dépréciation. Mais on oublie que la question est précisément de savoir si le droit commun des successions et des partages ordinaires est applicable en matière de partage d'ascendant. Or, nous croyons avoir démontré que le pouvoir conféré au père de famille par les dispositions des articles 1075 à 1080 inclusivement, consiste à le rendre arbitre suprême des raisons de convenance et d'utilité qui président à la répartition de son patrimoine et le déterminent à attribuer telle nature de biens à tel de ses enfants plutôt qu'à tel autre. Ainsi, le droit de co-propriété des enfants se combine avec le droit de distribution de l'ascendant, et ces deux droits se concilient pourvu que les enfants n'aient pas à se plaindre au double point de vue de l'article 1079.

Les raisons déduites jusqu'ici pour écarter l'influence trop rigoureuse des articles 826 et 832 nous paraissent s'appliquer aux partages testamentaires aussi bien qu'aux partages par acte entre-vifs ; dans notre pensée elles sont communes à ces divers actes. Passons maintenant aux motifs particuliers de décider pour les partages faits sous la forme de donation entre-vifs.

Le partage d'ascendant entre-vifs ne peut être opéré sans le consentement exprès des descendants. Fait sous la forme d'une donation entre-vifs, il doit, à peine de nullité, porter l'acceptation expresse des donataires. Ceux-ci peuvent, à leur gré, fournir ou refuser cette acceptation nécessaire, indispensable, pour la validité du contrat. S'ils acceptent, admis par le législateur à le faire valablement, du vivant même du donateur, comment leur acceptation ne vaudrait-elle pas, en ce cas, ce qu'elle vaudrait après le décès de leur auteur, s'il s'agissait de faire et d'accepter un partage de succession? N'oublions pas les dispositions de l'article 1134 du Code Napoléon, Les conventions légalement formées tiennent lieu de loi à ceux qui les ont faites ; elles ne peuvent être révoquées que de leur consentement mutuel, ou pour les causes que la loi autorise ; elles doivent être exécutées de bonne foi.

Il importe de mettre en relief cette idée : la succession étant ouverte, les héritiers majeurs et libres dans l'exercice de leurs droits pourraient très bien renoncer au bénéfice de certaines dispositions de la loi en matière de partage ; ils pourraient en particulier s'affranchir des règles posées par les articles 826 et 832, selon les exigences ou les inspirations de leurs intérêts réciproques. Sur quel motif vraiment juridique, ou plausible tout au moins, veut-on, qu'autorisés par la loi à accepter un partage d'ascendant sous la forme d'une donation entre-vifs, ils n'aient pas le droit d'accepter la distribution du patrimoine de leur auteur, telle que celui-ci peut avoir jugé convenable de l'opérer dans cet acte ?

Le père de famille a fait connaître son désir ; l'initiative est peut-être partie des enfants, comme il

arrive quelquefois. Le pacte à régler entre le donateur, d'une part, et les donataires, de l'autre, a été
longtemps médité, étudié dans son ensemble et dans
ses détails ; il a été arrêté d'une manière définitive
pour le plus grand bien de toutes les parties. Les enfants ont librement accepté une volonté à laquelle
ils n'étaient point forcés de céder; ils l'ont trouvée
bonne et sage, et leur acceptation sincère et loyale
ne serait qu'une lettre morte !

Mais, dit-on, les articles 826 et 832 relatifs à la
formation des lots entre co-partageants dans une
succession sont applicables en matière de partages
d'ascendants. Supposons cette affirmation un instant démontrée. Que disent les textes dont on se
prévaut ? Le premier dispose que chacun des co-
héritiers PEUT demander sa part en nature des meubles et des immeubles de la succession ; le deuxième,
que dans la formation et la composition des lots on
doit éviter, autant que possible, de morceler les
héritages et de diviser les exploitations. Tâchons de
ne rien exagérer et de prendre les choses pour ce
qu'elles sont en réalité. L'article 826, base de l'argumentation dans le système que nous combattons,
constitue pour chaque co-héritier, *la faculté*
de demander sa part en nature, mais il ne lui en
impose certainement pas l'*obligation*. Une telle disposition n'est pas d'ordre public ; les héritiers qui

procèdent au partage après décès peuvent très bien
y renoncer (voy. Cas. 27 nov. 1867.— Sirey, 1868.
—1—65). Il dépend d'eux d'accepter un lot en argent, en meubles quelconques, au lieu d'un lot en
immeubles.

Or, ce qui peut être pratiqué, ce qui se pratique
tous les jours, dans les partages ordinaires, serait
la violation de la loi dans les partages d'ascendants !
Mais que deviennent les éloquentes considérations
déduites à l'envi par tous les orateurs dans la discussion de la loi sur les partages d'ascendants, et
qui témoignent d'un intérêt si marqué pour les actes
de cette nature ?

La division des immeubles, quand il est possible
de la pratiquer, serait de l'essence des partages,
disent quelques auteurs. Que les actions en rescision pour cause de lésion, ou en réduction pour
complément de la réserve légale, soient de l'essence des partages ; qu'on ne puisse pas y renoncer
par une stipulation même expresse dans l'acte de
partage ; cela est constant. —Mais qu'on doive appliquer cette règle quand il s'agit pour un descen-
dant de recevoir du numéraire ou des valeurs mobilières qui conviennent à sa situation, au lieu d'une
parcelle d'immeuble qui serait improductive en ses
mains, voilà ce que nous ne saurions admettre et
ce qu'il faudrait démontrer. La prétendue règle

n'est pas de rigueur absolue dans les partages après décès ; comment le serait-elle dans les partages d'ascendants ? En vertu de quel texte et de quels principes ?

Et cependant, il s'agit de prononcer une nullité ! Et cependant, malgré le silence des textes, on annule un acte que toutes les faveurs de la loi semblaient environner, un acte émané du consentement réciproque des parties, en même temps que de la magistrature la plus légitime et la plus respectable.

Nous comprendrions une telle sévérité si l'ordre social pouvait la commander. Mais qu'on veuille bien y prendre garde : à ce point de vue, des considérations puissantes semblent exiger, au contraire, qu'on repousse des prétentions cupides et des débats ruineux que le père de famille s'était efforcé d'éviter. L'intérêt de l'agriculture et les nécessités économiques de notre époque demandent qu'on ne fasse pas subir aux immeubles des morcellements exagérés et nuisibles.

Ici, d'ailleurs, revient le grand principe de l'article 1134, C. Nap. — Comment vouloir y porter atteinte de la manière la plus arbitraire ? Comment violer le droit de propriété du donataire des immeubles en méconnaissant le respect des conventions, loi suprême de toute société bien réglée ?

Nous ne faisons qu'indiquer ces considérations qui

seront développées dans la troisième partie de notre travail destinée à l'examen ou à la recherche des changements législatifs à opérer sur la matière des partages d'ascendants. Elles nous paraissent rentrer dans le domaine du législateur, plutôt que dans celui du commentateur de la loi. Voilà pourquoi, malgré leur haute importance, nous ne croyons pas devoir leur donner place en cet endroit.

On objecte encore la crainte révérentielle et la nullité de tout traité sur une succession future.

Quoi donc! la crainte révérentielle pourrait relever les enfants de leur consentement!..... Cela veut dire qu'ils auraient consenti à l'acte sous la pression de leur auteur, ou bien inspirés par un sentiment exagéré de condescendance envers lui, mais que dégagés de cette influence et livrés à leur libre arbitre, ils auraient refusé le bienfait dont il plut à celui-ci de les gratifier et qu'ils avaient sollicité peut-être !— Mais l'article 1114 est un texte de loi ; il est écrit au titre des contrats et obligations ; il a son autorité légitime, sans doute. Eh bien, il porte que la seule crainte révérentielle envers le père, la mère, ou tout autre ascendant, sans qu'il y ait eu de violence exercée, ne suffit point pour faire annuler le contrat.

Si le consentement des enfants n'avait été donné que par erreur, s'il avait été extorqué par violence ou surpris par dol, il ne saurait être efficace; mais la prétendue crainte révérentielle ne peut être, à elle seule, une cause de nullité de ce consentement; c'est le législateur lui-même qui l'a formellement déclaré.

Faut-il, au surplus, se préoccuper aujourd'hui des conséquences exagérées de la révérence des descendants envers les ascendants? Ils sont passés ces temps où la puissance paternelle pouvait avoir des excès et se montrer exigeante ou oppressive! Les enfants savent trop bien s'en affranchir de nos jours; et, dans l'état de nos mœurs, nous n'avons à redouter le plus souvent que leur désir immodéré d'indépendance.

Passons aux articles 791-1130-1600 C. Nap. qui prohibent tout traité sur une succession future, même avec le consentement de celui sur l'hérédité duquel porte la convention. Ces textes frapperaient de nullité, dit-on, le consentement donné par les enfants au mode de distribution des biens de leurs ascendants.

L'argument prouve trop, beaucoup trop; il dépasse évidemment le but qu'on se propose d'atteindre. A ce compte, le partage entre-vifs lui-même devrait être infecté de nullité. Il constitue, dans le sens de l'objection émise, un partage sur succession future, sur une partie des biens de la succession au

moins. Le partage d'ascendant n'est pas autre chose
en réalité qu'une anticipation de la succession, *juris
hœreditarii prærogatio*. Mais le législateur a autorisé ce pacte de famille; il en a reconnu l'utilité; il
l'a soigneusement réglementé. S'il a cru devoir autoriser le partage d'ascendant entre-vifs, à la condition du consentement des enfants donataires, pour
quel motif n'aurait-il pas autorisé la faculté de distribution des biens, au moins à la condition du même
consentement ?

Les articles 1075 et suivants n'offrent pas un
exemple unique dans notre loi civile de stipulations
valables, bien qu'à certains égards elles puissent
constituer des pactes sur une succession future. En
effet, l'article 761 ne permet-il pas, dans un cas
donné, la réduction des droits de l'enfant naturel,
du vivant même de ses père et mère ? Et l'article 918
n'autorise-t-il pas, même les successibles en ligne
directe, c'est-à-dire les réservataires, à approuver,
pendant la vie du donateur, certaines aliénations
qu'il peut avoir faites et qui devraient être considérées comme de véritables libéralités *réductibles* ou
rapportables ? Ces textes consacrent donc des stipulations qui seraient essentiellement contraires à
la règle prohibitive de toute convention sur la succession d'une personne vivante. Pour ces hypothèses
particulières, le législateur a cru devoir déroger à la

règle générale. Il l'a fait, et nous n'avons qu'à nous incliner, bien que les dispositions précitées semblent avoir quelque chose d'anormal. Inclinons-nous de même devant la distribution de ses biens faite par l'ascendant, alors surtout qu'elle est intervenue avec le consentement formel des donataires, et que les plus sérieuses considérations en commandent le maintien.

Dans le partage d'ascendant, y aurait-il lésion au préjudice de quelques-uns des enfants, l'article 1079 sauvegarde leurs droits. Mais les deux cas de ce texte étant exceptés, disons que l'ascendant donateur s'est préoccupé de la position, des convenances, des aptitudes de chacun de ses descendants donataires ; que ceux-ci ont accepté ce qu'ils ont jugé convenable à leurs intérêts réciproques ; qu'un contrat régulier, valable et définitif, est intervenu ; qu'en conséquence il doit être exécuté. En vertu de quels principes pourrait-on annuler ce contrat, quand il ne se trouve dans la loi aucune disposition qui puisse imposer à cette convention les règles spéciales sur la formation des lots en matière de partage de succession ?

L'absence d'une telle disposition dans notre Code Napoléon est si flagrante, que M. Troplong, sur l'article 1079, *Traité des donations et testaments*, n° **2334**, s'exprime en ces termes : « Aux actions

» pour lésion dont s'occupe particulièrement notre
» article, il faut assimiler l'action en nullité résul-
» tant de la composition vicieuse des lots ; action
» *qui est passée sous silence par notre article, mais*
» *qui est gouvernée à raison de l'analogie*, etc.,
» etc. »

Une nullité prononcée par analogie !... Cela nous paraît quelque peu hasardé, pour ne rien de plus ; et, malgré toute l'autorité qui s'attache dans notre esprit aux opinions de **M.** le Premier-Président Troplong, nous ne pouvons jurer *in verba magistri*. — En droit, nous ne croyons guère, ou plutôt nous ne croyons pas du tout, aux nullités prononcées sans les prescriptions d'un texte rigoureux et précis ; — en fait, nous nous demandons si l'analogie qu'on invoque est certaine.

Mais que parlons-nous d'analogie certaine ? Loin qu'elle existe en réalité, nous n'apercevons, à tous les points de vue, que des motifs de distinction et de solution contraire. En effet, estimation, forma- tion de lots par experts, tirage au sort ou licitation, telle est la marche habituelle et légale du partage judiciaire. Or, rien de pareil ne saurait convenir au partage anticipé, dans lequel l'ascendant affranchi de toutes ces règles procède nécessairement par voie d'attribution des lots qu'il a formés, dans sa sagesse, de la manière la plus opportune et la plus équi- table.

On insiste en proposant une distinction. L'acte fait par l'ascendant constitue, dit-on, une donation d'abord, un partage ensuite ; les descendants acceptent irrévocablement la donation, mais non le partage, contre lequel ils peuvent diriger toutes les actions autorisées par la loi.

La réponse est fournie, ce semble, par la nature même des choses. L'acte est accepté dans son entier, et comme donation, et comme partage, c'est-à-dire qu'il l'est comme *donation-partage*, ainsi qu'on l'appelle dans le langage usuel du plus grand nombre de nos provinces. Les enfants ont adhéré au pacte de famille qui ne les oblige pas moins les uns envers les autres qu'il ne les oblige envers le donateur. Sans doute, le partage peut être attaqué pour les causes autorisées par la loi, mais il en est de même des partages après décès. Dirait-on pour ceux-ci que le consentement au mode de distribution des biens n'oblige pas les contractants ? Eh bien, le partage entre-vifs pouvant être fait, d'après les articles 1075 et suivants, avec le consentement des donataires co-partagés, ce consentement régulièrement donné rend irrévocable et définitive la convention de partage, aussi bien que la donation qui la précède.

Mais la distinction se produit sous un autre jour ; on la présente, cette fois, en disant que les enfants qui ont accepté la répartition des biens faite par l'ascendant, ont agi *comme donataires*, point *comme héritiers*, et que cette dernière qualité, qui ne doit leur appartenir qu'à l'ouverture de la succession, leur confère le droit de réclamer, à cette époque, une part en nature dans les immeubles distribués par leur auteur.

Nous voulons bien que les enfants gratifiés dans un partage d'ascendant entre-vifs aient accepté les stipulations de cet acte comme donataires, et non pas comme héritiers ; mais nous disons qu'avant tout ils ont fourni leur acceptation comme parties contractantes, dans une convention librement arrêtée et qui doit être exécutée de bonne foi. Or, la distinction qu'on propose n'est-elle pas la suppression même de cette convention qui devrait faire la loi des parties ? — On la maintient comme donation, mais on la répudie comme partage, c'est-à-dire qu'en réalité on met à néant la *donation-partage*.

Et cependant, une *donation-partage*, voilà bien le pacte de famille auquel avaient entendu concourir toutes les parties !... Ainsi, l'intention et la volonté respectives de l'ascendant donateur et des descendants donataires se trouvent violées, ce nous semble.

Lorsque les enfants donataires ont fourni leur acceptation expresse, non pas seulement à la donation, mais à la donation-partage, ils ont approuvé la distribution des biens telle que l'a faite l'ascendant. Chaque enfant est devenu propriétaire de l'objet mobilier ou immobilier compris dans son lot; c'est le don même de cet objet qu'il a accepté. — L'acceptation n'a été faite, au surplus, qu'en conformité des dispositions formelles de l'article 1076; elle doit donc être irrévocable.

On soutient encore que les enfants qui ont pu valablement accepter le partage d'ascendant, en tant que cet acte constitue une donation, se trouvent dans l'impossibilité légale de l'accepter, en tant qu'il constitue un partage de succession.

Nous répondrons, en premier lieu, qu'il s'agit ici, non d'un véritable partage de succession, mais simplement d'un partage anticipé des biens présents du donateur, puisque le partage d'ascendants entre-vifs ne peut pas comprendre les biens à venir.—Nous ajoutons, en second lieu, que s'il n'est pas permis, en thèse générale, de partager une succession non ouverte, le partage d'ascendant entre-vifs a été institué tout exprès pour échapper à cette prohibition, en ce qui concerne les biens présents. Ces biens peuvent être partagés par l'ascendant avec le consentement des descendants; ils peuvent l'être d'une manière définitive, sauf les droits résultant des articles 1078 et 1079, à moins qu'on ne veuille faire de l'institution qui nous occupe une source intarissable de contestations et de débats entre les enfants.

Il importe d'y réfléchir, tandis que le pacte de famille donation-partage a pour but de maintenir la bonne harmonie entre les enfants, on voudrait lacérer cet acte, en dehors des cas de nullité ou de rescision prévus par la loi, au moment même où il peut produire ses plus salutaires effets. Nous ne pouvons admettre un tel système, et nous croyons, au contraire, qu'il a été dans la pensée du législateur que l'acceptation des donataires dût irrévocablement les lier quant au mode de répartition des biens suivi par le donateur.

Nous sommes, au surplus, frappé de cette circonstance qu'au dire même des partisans de l'opinion contraire, il serait toujours facile d'éviter les pernicieuses conséquences de leur distinction entre la qualité d'héritier et celle de donataire. — Supposons, en effet, que l'ascendant, au lieu de procéder par voie de *donation-partage*, se borne à faire en faveur de tous ses enfants une donation générale de ses biens indivis, et que les donataires procèdent ensuite au partage de ces biens, en l'absence et sans le concours de l'ascendant donateur. Sous une direction habile, on aura fait deux actes, la donation d'abord, le partage ensuite ; on aura même laissé s'écouler un certain délai entre la première opération et la seconde. Le mode de lotissement et la distribution des biens ne seront plus susceptibles d'être critiqués; tout le monde en convient.

Mais qui ne voit qu'un tel procédé va passer dans la pratique constante du notariat ? Les parties seront dirigées dans cette voie ; leur volonté est certaine au moment où l'ascendant se dépouille, elles n'hésiteront pas à suivre les conseils qui leur seront donnés. De la sorte, on fera, par des moyens déguisés et indirects, ce qu'il ne serait pas permis de faire, dit-on, d'une manière apparente et directe. De la sorte, on aura inventé un nouveau mode de partage d'ascendant différent de celui qu'avait organisé le législateur.

Notre raison se refuse à l'emploi de ces moyens détournés; nous aimons mieux nous en tenir à l'exécution pure et simple de la loi qui nous régit, et nous croyons à la possibilité légale, pour tout ascendant, de faire un partage anticipé de ses biens, par voie d'attribution de lots, selon les aptitudes et les convenances particulières de chaque enfant.

Les valeurs mobilières sont de plus en plus productives et recherchées. Celui qui les reçoit sera presque toujours mieux partagé que le donataire d'immeubles d'un revenu bien restreint d'ordinaire. L'expérience démontre que les habitants de nos campagnes sont très enclins à exagérer la valeur de leurs propriétés immobilières. Il y a une sorte d'affinité entre le cultivateur et le sol sur lequel il est né. Quand ce cultivateur attribue à l'un de ses fils des champs qu'il a longtemps cultivés, et que celui-ci doit cultiver à son tour, il n'est guère à craindre que le prix donné aux immeubles ne soit pas suffisamment élevé. Le contraire s'est vérifié bien des fois sous nos yeux ; bien des fois nous avons vu des estimations excessives entraîner la ruine du possesseur des immeubles. Quoiqu'il en soit, la double disposition de l'article 1079 protégera les enfants pourvus en argent ou en valeurs mobilières de toute autre nature.

En résumé, la lecture attentive des textes ; — l'organisation du système qui nous paraît en résulter ; — la nécessité de ne point faire un choix arbitraire entre les diverses dispositions de la loi des partages ; — l'impossibilité, dans certains cas, de faire un partage d'ascendant, si l'on accepte une interprétation contraire à la nôtre ; — la solution que nous adoptons plus certaine, plus juridique encore, quand le partage est fait par acte entre-vifs ; — les principes généraux du droit sur la validité du consentement et sur les effets qu'il produit ; — la liberté des conventions civiles ; — le respect du droit de propriété ; — les nécessités économiques qui se font sentir ; — l'autorité souveraine de l'article 1114, Code Napoléon ; — le manque absolu de portée sur notre question des articles 791, 1130 et 1600 ; — une nullité mal-à-propos admise, sans disposition législative qui la prononce ; — l'intérêt de l'agriculture, de la famille et de la société ; — tels sont les motifs principaux qui nous commandent une réponse affirmative sur la première question proposée.

De l'estimation des immeubles ordonnée en exécution de l'art. 1079.

Dans les deux cas de l'article 1079 C. Nap., les biens donnés par un partage d'ascendant entre-vifs doivent-ils être estimés suivant leur valeur à l'époque du partage, ou suivant leur valeur à l'époque du décès du donateur, mais eu égard à leur état au moment de la donation-partage ?

Peu de questions ont eu le regrettable privilége de diviser la jurisprudence autant que l'a fait celle-ci. Nos recueils d'arrêts portent de nombreuses décisions qui l'ont jugée, tantôt dans un sens, tantôt dans un autre.

Pendant ces dernières années, la Cour de cassation, par quatre arrêts : des 4 juin 1862 (Dal., 62, I, 401 ; — S., 62, I, 785 ; — P., 63, 934) ; — 28 juin et 29 août 1864 (S., 64, I, 433 ; — P., 64, 1182 ; — Dal., 64, I, 280 et 345) ; — 24 juin 1868 (Dal., 68, I, 289 ; — S., 68, I, 330), a uniformément décidé que, pour apprécier la lésion de plus du quart et l'atteinte à la réserve dans un partage d'ascendant par acte entre-vifs, on doit estimer les biens qui en ont fait l'objet, d'après leur état à l'époque de la donation et d'après leur valeur au moment du décès de l'ascendant donateur, et non pas d'après leur valeur au moment de la donation-partage.

Il est essentiel de voir le texte même de ces divers arrêts, et nous y renvoyons le lecteur, nous bornant à dire, pour le moment, que l'arrêt du 24 juin 1868 semble le dernier mot de la Cour suprême sur la question.

La Cour d'Agen persiste néanmoins dans une jurisprudence contraire. En effet, par une nouvelle décision du 8 juillet 1868 (Dal., 68, II, 241, et S., 68, II, 250), elle juge formellement que les biens compris dans un partage d'ascendant fait par acte entre-vifs doivent être estimés suivant leur valeur au jour de l'acte, pour vérifier si le partage contient une lésion de plus du quart. — Mais elle juge aussi, par le même arrêt, que les biens doivent être estimés, au contraire, suivant leur valeur au jour du décès, pour rechercher si le partage contient un avantage plus grand que la loi ne le permet, au profit de l'un des co-partagés. — Cet arrêt émane de la première chambre de la Cour d'Agen ; il a été rendu sous la présidence de M. le premier président Sorbier, dans une espèce où il y avait six enfants donataires co-partagés.

Avouons-le sans détour, il ne nous est pas donné d'apprécier l'utilité pratique de la distinction faite par la Cour d'Agen entre l'exercice de l'action en rescision pour lésion de plus d'un quart et celui de l'action en réduction pour avantage excessif, dans une espèce où il y avait six enfants et où l'action était dirigée contre un seul d'entre eux, le fils aîné de la famille, donataire du préciput, auquel avait été attribué, dans un partage anticipé remontant à 1841, un petit domaine qui composait toute la fortune immobilière des père et mère. La quotité de la lésion devait nécessairement être la même pour les deux cas, de rescision proprement dite, ou d'atteinte à la réserve. Mais n'anticipons pas sur ce point; nous reviendrons à cette considération que nous ne faisons qu'indiquer ici, et qui, pour être bien comprise, doit être produite avec quelques développements, et même avec quelques chiffres.

Un arrêt de la Chambre correctionnelle de la Cour d'Agen, en date du 31 décembre 1868. se prononce dans le même sens; il a été rendu sous la présidence de notre honorable collègue M. le président Réquier, auteur d'un excellent traité sur les partages d'ascendants dont nous avons eu occasion de parler.

Ajoutons que ce savant auteur, soit dans son livre, soit dans une dissertation tout récemment publiée, professe énergiquement l'opinion consacrée par les deux chambres de la Cour d'Agen et combat la jurisprudence de la Cour de cassation avec une ardeur qui ne faiblit pas et qui témoigne d'une conviction bien profonde. Les dernières observations de M. le président Réquier ont particulièrement pour but de réfuter l'arrêt de la Cour de cassation du 24 juin 1868.

Si l'on admettait le système posé par cette Cour en 1845 (Voy. Arrêt du 4 février 1845; S., 45, I, 305; — Dal., 45, I, 49) et à une époque antérieure, que les biens compris dans le partage entre-vifs sortent immédiatement, intégralement et irrévocablement du patrimoine de l'ascendant; — que la propriété de ces biens est à jamais fixée sur la tête des donataires co-partagés, même au point de vue de la réserve légale et de la quotité disponible; — qu'en conséquence, au jour du décès de l'ascendant, il ne reste à partager entre les héritiers que les biens qu'il pouvait posséder à cette dernière époque, — et que c'est seulement sur la masse de ces derniers biens qu'on doit liquider et fixer la réserve et le disponible, sans qu'aucun rapport soit réel, soit fictif, des biens compris dans le partage d'ascendant, puisse alors être exigé ; d'abord, parce que les biens demeurent, même à l'égard de la réserve et du disponible, absolument étrangers à la succession de l'ascendant ; en second lieu , parce que, la propriété en ayant déjà été acquise pleinement par chacun des co-partagés, il ne serait plus permis d'y toucher, ni directement par un rapport réel, ni indirectement par un rapport fictif ; — la difficulté si considérable qui nous occupe ne pourrait pas même se présenter.

En effet , une séparation absolue et définitive existerait entre les biens partagés par l'ascendant et les biens trouvés dans son patrimoine à l'époque de son décès. La succession ne comprendrait que ces derniers biens. Toutes les valeurs distribuées par le partage anticipé constitueraient un patrimoine particulier sur lequel les droits des descendants donataires auraient été pleins et entiers au moment du partage ; en sorte qu'il n'y aurait pas possibilité d'y toucher, même en vue de la réserve légale et de la quotité disponible à déterminer au décès de l'ascendant donateur. — En ce cas, les actions de rescision et de réduction sur les biens donnés seraient admissibles le lendemain même de l'accomplissement de la donation-partage. Elles devraient être promptement exercées, puisqu'elles se prescriraient à partir de la date de l'acte. Il est bien manifeste que, dans une telle hypothèse, les objets partagés devraient être estimés suivant leur valeur au moment du partage. Qui pourrait songer à une estimation suivant la valeur de ces biens au moment du décès du donateur? L'action en rescision et l'action en réduction, ainsi que l'estimation, auraient lieu, ou tout au moins pourraient avoir lieu avant l'époque de ce décès.

Mais personne ne paraît vouloir, aujourd'hui, de ce système de 1845 généralement admis autrefois, et dont le résultat logique et final était qu'en cas de rescision pour lésion ou de réduction pour atteinte à la réserve, le partage d'ascendant entre-vifs devait être attaqué dans les dix ans de l'acte, et non pas seulement dans les dix ans à partir du décès de l'ascendant donateur.

Ainsi, les arrêts de la Cour de cassation et de presque toutes les Cours impériales postérieurs à 1845 sont à peu près unanimes pour reconnaître : 1° que la lésion dans le partage d'ascendant entre-vifs ne peut autoriser une action en rescision que si la lésion est de plus du quart de la portion revenant à l'enfant lésé, non pas seulement dans le biens partagés, mais tout à la fois dans ces biens et dans ceux qui se trouvent composer la succession ;

2° Que les biens compris dans un partage d'ascendant fait par acte de donation entre-vifs doivent être réunis fictivement à ceux existant au décès de l'ascendant donateur, pour opérer le calcul de la réserve légale et de la quotité disponible;

3° Que le partage d'ascendant entre-vifs ne peut contenir un avantage sujet à réduction que dans le cas où le don par préciput à l'un des enfants entamerait la réserve des autres sur l'ensemble des biens donnés et des biens trouvés dans le patrimoine de l'ascendant, à l'époque de son décès;

4° Que le point de départ du délai de la prescription de l'action en rescision, aussi bien que de l'action en réduction, est le jour du décès de l'auteur de la donation-partage, le droit d'attaquer ou de critiquer cet acte ne naissant qu'à cette époque, ce qui entraîne forcément l'application de la règle : *Contrà non valentem agere non currit præscriptio.*

Ces diverses décisions sont liées l'une à l'autre. Elles procèdent toutes de ce principe, que la succession de l'ascendant comprend, non pas seulement les biens qu'il laisse à son décès, mais encore ceux dont il a disposé par la donation-partage, et que ces derniers biens doivent tout au moins être réunis fictivement à la masse pour la fixation de la réserve et de la portion disponible. — Cette base admise, il est certain qu'on ne peut plus soutenir logiquement que le partage par acte entre-vifs divise le patrimoine de l'ascendant en deux parts distinctes. Dans le nouvel ordre d'idées, le partage d'ascendant procède, à certains égards du moins, comme la donation entre-vifs qui transporte immédiatement la propriété des biens donnés de la tête du donateur sur la tête du donataire, et qui cependant est soumise à la règle de la réunion fictive à l'ouverture de la succession (art. 922 C. Nap.).

Vainement on objecterait l'irrévocabilité du partage d'ascendant fait par acte entre-vifs pour soutenir que les biens qui y sont compris ne peuvent pas se trouver dans la succession dont ils sont sortis. La donation entre-vifs est aussi irrévocable que le partage d'ascendant, ou plutôt ce dernier acte n'est irrévocable lui-même que parce qu'il contient une donation entre-vifs ; comment donc serait-il affranchi de la loi de la réunion fictive plutôt que la donation qui s'y trouve formellement assujétie ? — Il ne faut pas perdre de vue, au surplus, que la réunion fictive ne fait pas réellement rentrer les biens donnés et partagés dans la succession du donateur. Nous parlons de *réunion fictive* et non pas de *rapport*.

Néanmoins, toutes ces questions sont fort graves, et l'on ne saurait se dissimuler que les esprits les plus exercés restent dans une extrême perplexité sur le mérite des diverses théories qui se sont fait jour. C'est que les raisons de douter sont ici, comme il arrive trop souvent, plus nombreuses que les raisons de décider. Ces dernières surtout, dans un conflit d'arguments qui se croisent et de principes qui se heurtent, du moins en apparence, sont bien difficiles à saisir et à mettre nettement en relief. Et cependant, *hæc est justitia, quæ suum cuique ità tribuit, ut non distrahatur ab ullius personæ justiore repetitione* (Loi 31, D., *Depositi*); ce qui revient à dire que l'œuvre de la justice offre souvent de bien grandes difficultés, et qu'il faut y apporter constamment une extrême réserve et la plus consciencieuse circonspection.

Peut-être y aurait-il une distinction à établir, *in apicibus juris*, entre les deux actions de l'article 1079 : la première, une action de rescision proprement dite; la seconde, une véritable action de réduction ou de retranchement. Ces deux actions ont été souvent confondues. Une telle confusion a-t-elle été faite à bon droit? Devrait-elle, au contraire, être soigneusement évitée? — Ne nous hâtons pas de conclure. — On ne saurait être trop circonspect quand on touche à cette épineuse matière.

Reconnaissons, cependant, qu'à s'en tenir aux règles générales du droit commun, une action en rescision pour cause de lésion ne se confond pas avec une action en réduction pour arriver au complément de la réserve légale. La première atteint un partage pour lésion de plus du quart, comme elle atteindrait une vente pour lésion de plus des sept douzièmes; la seconde a pour but un retranchement sur une libéralité qui dépasse la quotité disponible, quel que soit l'acte qui contient cette libéralité, et cela, par application des règles spéciales à la réserve légale, au moment du décès de l'auteur de la disposition.

Il y aurait donc, ce semble, à distinguer entre un partage d'ascendant entre-vifs, sans disposition par préciput au profit de l'un des co-partagés, et un partage de même nature attribuant la quotité disponible, sur les biens donnés, à l'un des descendants, outre sa portion dans le partage. — Le premier acte pourrait être considéré comme une convention actuelle, irrévocable, définitive ; il laisserait le droit à l'enfant lésé de faire rescinder le partage dans les dix ans de sa date, conformément à l'article 1304 C. Nap., qui, pour toutes les conventions, fait courir le délai de la prescription du jour même de l'acte, sauf les exceptions de droit. L'estimation des biens, en ce cas, pour vérifier la prétendue lésion, se ferait nécessairement suivant la valeur des biens à cette date. — Le deuxième acte, au contraire, contiendrait une disposition, à certains égards, éventuelle, subordonnée à l'importance des biens existant dans la succession au décès de l'ascendant, et dont l'appréciation ne devrait avoir lieu qu'à cette époque, puisque les réservataires ne peuvent agir en retranchement qu'à l'ouverture de la succession (article 920

C. Nap.). Dans cette deuxième hypothèse, l'action ne serait ouverte qu'à la mort du donateur; le délai de la prescription ne courrait que de cette dernière époque ; l'estimation aurait lieu, pour opérer le retranchement, suivant la valeur des biens à la même date.

Mais que d'objections contre une distinction qui paraît, au premier abord, légale et logique !

En premier lieu, ne faut-il pas reconnaître que le partage d'ascendant, même par acte entre-vifs et sans mélange de dispositions préciputaires, a, dans les vues du législateur, quelque chose de provisoire, puisque, au cas d'omission d'un enfant, chaque copartageant peut, comme l'enfant omis ou né après le partage, en demander lui-même un nouveau, suivant la disposition littérale de l'article 1078 C. Nap. ?

En second lieu, comment la donation-partage ne participerait-elle pas, sous la législation qui nous régit, de la nature des donations ordinaires soumises à la loi de la réunion fictive ? Le législateur n'a-t-il pas dit que la donation entre-vifs est un acte par lequel le donateur se dépouille actuellement et irrévocablement de la chose donnée en faveur du donataire qui l'accepte ? Et cependant, après l'article 894 qui porte cette disposition capitale, n'a-t-il pas écrit l'article 922, d'après lequel la réduction se détermine en formant une masse de tous les biens existant au décès du donateur, et en y *réunissant fictivement* ceux dont il a été disposé par *donation entre-vifs*, d'après leur état à l'époque des donations et leur valeur au temps du décès du donateur ?

En troisième lieu, la loi peut-elle reconnaître, pour le même individu, deux masses de biens, deux patrimoines, deux successions à régler sur des bases différentes ? — Si elle le peut, l'a-t-elle voulu ? — A-t-elle dit d'une manière suffisamment explicite que telle fût sa volonté ?

En quatrième lieu, comment la prescription de l'action en rescision pour cause de lésion courrait-elle du jour de l'acte de partage ? — Quel peut être le droit des enfants du donateur, du vivant de celui-ci ? — Jusqu'à son décès, le principe de l'égalité dans les partages ne protége pas plus ses descendants que la règle qui fixe les bornes de la quotité disponible. Comment, en effet, pourraient-ils se dire lésés alors qu'ils n'ont encore aucun droit ouvert et certain ? — Simples donataires d'un objet quelconque, ils ne sont pas encore héritiers fondés à se plaindre d'un prétendu déficit dans l'attribution qui leur a été gratuitement faite par le père de famille. Celui-ci pouvait ne pas leur donner une obole ; comment seraient-ils admis à se plaindre, de son vivant, de ce qu'il ne leur aurait pas fait une libéralité suffisante ? Allons plus loin : l'ascendant pouvait omettre un de ses enfants dans la donation-partage ; l'enfant omis n'aurait eu le droit de se plaindre qu'au décès de son auteur ; comment l'enfant apportionné d'une manière incomplète serait-il admis à exercer son action avant le décès ?

En cinquième lieu, quel affligeant spectacle ! un père de famille a voulu, par le partage anticipé de ses biens, maintenir la bonne intelligence parmi ses enfants. Il ne leur devait rien, il a voulu leur donner tous ses biens présents. Le législateur, par les articles 1075 et suivants, a réglementé cette disposition prévoyante et sage. — Et l'on voudrait que, du vivant même de ce père de famille, sous ses yeux, un enfant pût et dût traduire ses co-donataires devant les tribunaux !..... ou bien, respectueux et soumis envers l'auteur de ses jours, l'enfant verrait péricliter son droit !... Quelle dure alternative !...

En présence de telles considérations qui s'appliquent au partage pur et simple sans préciput, aussi bien qu'au partage dans lequel il a été fait don de la quotité disponible, nous comprenons très bien que la jurisprudence de la Cour suprême ait repoussé une distinction qui semble, au premier abord, ne pas être dénuée de fondement.

Or, ce point admis que la double action de l'article 1079 ne peut être exercée qu'après le décès de l'ascendant, reste la question posée en tête de cette dissertation : Les biens donnés doivent-ils être estimés suivant leur état et valeur à l'époque du partage, ou suivant leur état à cette première époque et suivant leur valeur au temps du décès de l'ascendant, dans les deux cas prévus par notre texte ?

S'il s'agit de l'action autorisée par le deuxième paragraphe de l'article 1079, les biens devront être estimés suivant leur état au moment de la donation-partage, et suivant leur valeur à l'époque du décès de l'ascendant. Cela paraît sans difficulté maintenant ; la doctrine et la jurisprudence sont aujourd'hui d'accord sur ce premier point.

L'enfant institué préciputaire, soit par l'acte de partage même, soit par un acte antérieur, a un avantage qui dépasse les limites de la quotité disponible. Le père de famille, volontairement ou involontairement, a favorisé cet enfant dans une proportion excessive. En ce cas, il y a lieu à l'exercice de l'action du deuxième alinéa de l'article 1079 : le partage peut être attaqué parce qu'il résulte de cet acte et des dispositions faites par préciput que l'un des enfants a un avantage plus considérable que la loi ne le permet. Les autres enfants réservataires ont un droit à exercer qui les conduira à la réduc-

tion de l'attribution excessive faite au préciputaire.
— Nous indiquons le cas qui se présente le plus naturellement à l'esprit, et que nous avons vu se produire le plus fréquemment dans la pratique. Nous
croyons même qu'il ne peut y avoir lieu d'appliquer
la deuxième disposition de l'article 1079 que dans
le cas où l'avantage qui porte atteinte à la réserve
légale des autres enfants existe en faveur de l'enfant
donataire par préciput.

Quelle sera la véritable nature de l'action à intenter dans l'espèce ? Constituera-t-elle une action
caractérisée en retranchement de la libéralité excessive, ou bien ne sera-t-elle en réalité qu'une action
en rescision, comme l'enseignent divers auteurs très
accrédités ? L'action existe telle quelle ; cela suffit.

Une chose, dans tous les cas, est certaine, c'est
qu'il faut procéder, dans l'hypothèse qui nous
occupe, conformément à l'article 922 C. Nap. —
Notons bien qu'il s'agit ici, non de rapport réel,
mais de réunion fictive des biens dont il a été disposé par le père de famille. Sur la masse générale
ainsi formée, on détermine la réserve légale et la
quotité disponible par l'ensemble des forces du patrimoine au décès et des biens partagés. — Mais aucun doute ne nous paraît possible sur ce point, le
législateur s'en est expliqué : on estimera les biens
compris dans le partage d'après leur état au moment

de la donation et d'après leur valeur au temps du décès du disposant.

On objecterait en vain que le législateur n'a parlé dans l'article 922 que des biens dont il a été disposé par donation entre-vifs, et qu'un partage d'ascendant ne saurait être confondu avec une donation entre-vifs proprement dite. Cette objection ne serait pas sérieuse. Le partage d'ascendant entre-vifs contient, avant tout, une véritable donation de biens présents, et cette donation est littéralement soumise aux *règles* et aux conditions des actes de cette nature (article 1076 C. Nap.). Or, une de ces règles est celle posée par l'article 922 dont la donation-partage ne saurait être affranchie que par une disposition exceptionnelle qui ne se trouve nulle part dans la loi.

On comprend sans peine que les objets donnés soient estimés *suivant leur valeur au moment du décès*, mais *suivant leur état à l'époque du partage*. Il est évident que les réservataires ne doivent pas profiter des améliorations qui peuvent avoir été faites par le préciputaire sur les biens donnés, pas plus qu'ils ne devraient souffrir des dégradations qu'il y aurait commises. C'est l'application des règles posées par le législateur, en matière de rapport, dans les articles 861, 862 et 863 C. Nap. C'est l'application du grand principe que « nul ne doit s'enrichir aux dépens d'autrui. »

» partage, fait accidentel de l'homme auquel un
» pareil effet n'est pas attaché, mais du décès, fait
» prévu par la loi comme pouvant seul donner ou-
» verture à la succession; — que ces principes sont
» encore ceux du Code Napoléon; que l'article 1076,
» en exigeant que le partage soit fait par acte entre-
» vifs ou testamentaire, avec les formalités, condi-
» tions et règles des donations entre-vifs et des
» testaments, ne s'est proposé que de fixer les formes
» du partage, et, s'il est fait pendant la vie de l'as-
» cendant, de rendre ce partage désormais irrévo-
» cable, mais non d'en changer la nature ou de
» modifier les règles qui lui sont propres; — que
» les articles 1078 et 1079 ne sont que l'application
» de ces règles; que l'article 1078 exige que, pour
» être valable, le partage entre-vifs ait été fait entre
» tous les enfants qui existeront au décès et les
» descendants des enfants prédécédés; que l'ar-
» ticle 1079 met, quant aux autres causes de nul-
» lité, le partage légal et le partage entre-vifs sur
» la même ligne; qu'ils peuvent être attaqués pour
» les mêmes causes : la lésion de plus du quart,
» l'atteinte à la réserve légale; que ces causes ne
» peuvent se révéler et être vérifiées qu'au décès,
» lorsque toutes les forces de la succession sont
» connues; que ces actions ne s'ouvrent qu'au décès
» et au profit des héritiers; que les conditions de

» validité étant les mêmes pour le partage fait de-
» puis le décès et pour le partage anticipé, il faut en
» conclure que, pour s'assurer que ces conditions
» ont été remplies, il faut estimer les biens de la
» succession eu égard à leur valeur au jour du dé-
» cès, époque à laquelle les descendants co-partagés
» ont été saisis comme héritiers; — d'où il suit
» qu'en jugeant au contraire que, pour apprécier
» la lésion de plus du quart et l'atteinte à la réserve
» articulée contre le partage du..., les biens com-
» pris dans ce partage devaient être estimés eu
» égard à leur valeur au moment du partage, la
» Cour impériale d'Agen a violé les articles de loi
» ci-dessus visés. »

La rédaction de cet arrêt est plus développée que celle des arrêts antérieurs, mais le syllogisme reste le même : le partage anticipé a fait des donataires, la mort seule fera des héritiers.

Les deux actions de rescision pour cause de lésion et de réduction à la quotité disponible ne peuvent être exercées que par un héritier, et non par un donataire.

Donc, ce n'est qu'après le décès de l'ascendant que le donataire devenu héritier pourra intenter les deux actions de rescision et de réduction.

De là, découle cette conséquence que, dans l'une comme dans l'autre action, les biens devront être donation de tous ses biens présents à ses enfants ou descendants, et que ces derniers se fussent partagé les immeubles donnés, ne faudrait-il pas estimer ces biens, en cas de demande en rescision pour cause de lésion, suivant leur valeur au moment du partage ? D'où l'on voudrait induire, par analogie, que la solution doit être identique, si l'ascendant donateur a fait lui-même le partage des biens donnés.

Nous répondons que, dans le cas d'une donation générale de biens présents par l'ascendant et d'un partage des biens donnés entre les enfants donataires, en dehors de toute action particulière du père, il est certain que l'estimation devrait avoir lieu suivant la valeur des immeubles au moment du partage.

Mais, dans cette espèce, nous ne serions plus régis par les articles 1075 et suivants ; nous ne le serions pas surtout par l'article 1079. Un simple partage de choses communes aurait été opéré par les descendants co-donataires entre eux. L'action en rescision pourrait être intentée pendant la vie du donateur qui n'aurait pas concouru au partage, et la prescription de cette action aurait commencé à courir le jour même de l'acte.

C'est ainsi qu'il était jugé le 23 mai 1867, par la Cour Impériale de Lyon, que *ne peut être considéré comme un partage d'ascendant, contre lequel l'action en nullité ou en rescision ne serait admissible qu'après le décès de son auteur, l'acte par lequel l'ascendant aurait donné ses biens entre-vifs à ses enfants, à la charge par eux de se les partager d'après l'estimation qui en serait faite par experts.*

« Attendu, dit l'arrêt, que si l'on examine atten-
« tivement l'acte du 6 mai 1844, il n'est pas possi-
« ble d'y trouver un partage d'ascendant caracté-
« risé, et qu'on n'y voit, au contraire, qu'une do-
« nation entre-vifs, faite sous diverses conditions.

« Attendu, en effet, que le partage d'ascendant
« est l'acte par lequel les père et mère ou autres
« autres ascendants font, à leurs enfants ou des-
« cendants, la distribution et le partage de leurs
« biens (art. 1075 C. Nap.), et que, dans l'espèce,
« il n'y a rien de pareil ;

« Qu'on lit dans le préambule de l'acte de 1844,
« que le comte d'Ar... va donner le quart en pré-
« ciput sur ses biens à son fils aîné, et que, ses
« quatre enfants partageront ensuite tous les biens
« qu'il leur aura donnés cumulativement avec ceux
« délaissés par leur mère, afin de faciliter la forma-
« tion des lots;

» Qu'il est fait donation par le comte d'Ar... entre-
« vifs, à titre de partage et par préciput, au vicomte
« d'Ar... son fils aîné, du quart des biens du dona-

En résumé, disons que l'article 922 règle nécessairement la situation quand il s'agit de l'action du deuxième paragraphe de l'article 1079, et passons à l'examen de la question, en cas de demande intentée conformément au premier paragraphe du même texte.

La Cour d'Agen et **M.** Requier veulent qu'ici l'estimation ait lieu suivant la valeur des biens donnés au temps de la donation-partage faite par l'ascendant. Nous croyons devoir dire, nous, avec la Cour de Cassation, cette estimation doit être faite suivant la valeur des biens au temps du décès du père de famille, mais suivant l'état des mêmes biens au temps du partage.

Avant d'entrer plus avant dans les difficultés de la question, faisons une observation qui se présente tout naturellement à l'esprit. Qu'on lise le texte de l'article 1079 dans son entier, et qu'on l'applique avec les seules lumières du bon sens et de la raison. Quel lecteur voudra dire, à la vue de ce texte : dans le premier cas l'estimation doit être faite suivant la valeur au temps du partage, et dans le deuxième suivant la valeur au temps du décès? En présence de cette disposition, le partage fait par l'ascendant *pourra être attaqué* pour cause de lésion de plus du quart ; *il pourra l'être aussi* dans le cas où il résulterait du partage et des dispositions faites par préciput que l'un des partagés, etc., etc. Ne paraîtra-t-il pas naturel et logique, au contraire, d'écarter une distinction trop subtile, et de proposer une solution uniforme pour deux hypothèses prévues par le même texte, et réglées dans les mêmes termes ? *Ubi lex non distinguit, nec nos distinguere debemus.*

Mais ne nous arrêtons pas à l'apparence des choses, et tâchons d'en pénétrer la réalité.

Dans le sens de l'estimation des biens suivant leur valeur au temps du partage, on se fonde par analogie sur les dispositions de l'article 890 du Code Napoléon portant que pour juger s'il y a eu lésion on estime les objets suivant leur valeur à l'époque du partage, et l'on dit que les partages d'ascendants doivent être soumis à cette règle des partages ordinaires, puisque aucun autre texte ne les en affranchit. — On ajoute que pour apprécier une action en rescision pour cause de lésion de plus du quart, il n'y a qu'à rechercher si l'ascendant donateur a fait une répartition équitable des biens donnés, et s'il s'est conformé au principe que l'égalité est de l'essence des partages. Or, dit-on, il s'y sera conformé suivant le vœu de la loi, si, au moment du partage, aucun des co-partagés n'a éprouvé un préjudice de plus du quart. De là, on conclut que les objets donnés doivent être estimés suivant leur valeur au moment où ce partage a été opéré par l'ascendant.

On dit encore qu'à la différence des anciennes démissions de biens subordonnées à la condition que les démissionnaires deviendraient héritiers, le partage d'ascendant entre-vifs de biens présents autorisé par les articles 1075 et suivants n'a rien d'éventuel ni de conditionnel ; qu'il saisit immédiatement chacun des donataires co-partagés de la propriété des objets compris dans son lot. D'où, l'on tire cette conséquence que la disposition de l'ascendant remplace le partage ordinaire et en produit tous les effets avant l'ouverture de la succession ; ce qui conduit de plus fort à l'estimation des immeubles donnés et partagés, suivant leur valeur au temps de la donation-partage.

Voilà bien, ce nous semble, le système contraire aux arrêts de la Cour de cassation reproduit dans ce qu'il a d'essentiel et de capital. On le développe avec habileté, on y ajoute des considérations d'équité plus ou moins importantes; on présente la théorie sous diverses formes; mais elle ne nous paraît pas avoir d'autre base que les arguments qui viennent d'être sommairement rappelés.

Toutefois, nous venons d'omettre un dernier motif donné par la Cour d'Agen (voyez l'arrêt du 8 juillet 1868). Ce motif, cette considération plutôt, consiste à dire que l'estimation des immeubles compris dans la donation-partage, suivant leur valeur au jour du décès de l'ascendant, rendrait impossibles les partages autorisés par l'article 1075, puisque le donateur ne pourrait se conformer à la règle de l'égalité qu'à la condition de *deviner*, longtemps à l'avance, quelle serait la valeur de ses biens immeubles à l'époque de son décès.

Tâchons d'écarter, pour n'y pas revenir, cette considération accessoire aux points principaux du débat.

Eh bien, oui, sans que l'ascendant soit prophète, et sans lui demander de prédire l'avenir, nous voulons qu'il sache, approximativement du moins, quelle sera la valeur de ses biens immeubles dix, vingt ans après la date de son partage anticipé. En dehors des cas absolument exceptionnels que le législateur ne doit pas prévoir, un père de famille sait très bien quels fonds dans son patrimoine peuvent subir des augmentations ou des diminutions de valeur indépendantes du fait de ses enfants donataires.

Se tromperait-il d'un quart dans ses évaluations, ce qui n'arrivera guère, le législateur n'y voit point un mal extrême auquel on doive appliquer le remède extrême d'un nouveau partage. — L'action en rescision n'est admise que pour cause de lésion de *plus du quart*.

La Cour d'Agen nous paraît oublier, d'ailleurs, en

formulant sa dernière objection, que l'estimation des immeubles donnés suivant leur valeur au jour du décès du donateur, doit être faite *suivant leur état au temps de la donation.*

Or, l'état des biens au temps de la donation est parfaitement connu du donateur; il l'est bien moins des experts dix, vingt, trente années après coup. La tâche du père de famille se réduira donc à tenir équitablement compte de l'augmentation et de la diminution vraisemblables dans la valeur de ses divers fonds. — Nous croyons que son expérience, sa sagesse et son désir de faire justice pourront y suffire.

Les experts seraient-ils moins embarrassés, au décès, pour estimer les biens suivant leur valeur antérieure, de trente années peut-être?

En tous cas, si le père de famille se trompe de plus du quart, les tribunaux redresseront son erreur.

Ainsi disparaît l'impossibilité prétendue de faire un partage anticipé entre-vifs, avec l'estimation au décès pour la vérification de la lésion; — ainsi tombe, à notre avis, l'objection accessoire de la Cour d'Agen.

Nos raisons à l'appui de la thèse contraire à celle de cette Cour sont en première ligne celles des arrêts de la Cour de cassation indiqués plus haut sous les dates des 4 juin 1862, 28 juin 1864, 29 août 1864 et 24 juin 1868. Le lecteur prendra la peine de voir ces divers monuments de jurisprudence dont le dernier doit avoir d'autant plus d'autorité qu'il a été rendu sous la présidence de M. le Premier-Président Troplong, au rapport de M. le Conseiller Glandaz, et sur les conclusions conformes de M. le Procureur général Delangle. Ces maîtres de la science furent unanimes sur la difficile question qui leur était soumise.

Ces arrêts rendus tous les quatre par la chambre civile de la Cour de cassation posent la règle que le partage d'ascendant ne peut être attaqué pour cause de lésion de plus du quart, ou pour violation des règles de la réserve, qu'après le décès de l'ascendant donateur, en raisonnant fort juridiquement, il nous semble, de la manière suivante : Tant que les descendants donataires ne sont pas devenus héritiers par la mort de leur auteur, ils ne sauraient être admis à critiquer la répartition d'un patrimoine dont l'ascendant, pendant sa vie, avait l'entière et libre disposition. Le droit à l'égalité dans le partage est un véritable droit successif qui ne peut appartenir à un simple donataire et qui ne saurait échoir qu'à un héritier. Or, les enfants ne seront héritiers qu'au décès de leur auteur. A plus forte raison, ils ne sauraient être admis à réclamer leur réserve légale ou le complément de cette réserve dans une succession qui n'est pas encore ouverte. Leurs droits de réservataires ne naîtront qu'au décès de l'ascendant donateur et par le fait même de ce décès. — C'est donc au moment où les deux actions de rescision pour cause de lésion et de réduction pour atteinte à la réserve seront ouvertes que la lésion devra être vérifiée par une expertise, et que, pour cela, les immeubles donnés devront être estimés suivant leur état à l'époque de la donation-partage et suivant leur valeur à l'époque du décès. —Toutes ces déductions nous paraissent s'enchaîner très logiquement.

Le dernier arrêt rendu sous la présidence de M. Troplong s'appuie sur les mêmes principes qu'il développe avec beaucoup de soin. Il est conçu en ces termes : « Attendu que le partage entre-vifs » d'ascendant contient deux dispositions qui, en se » combinant, concourent au même but, le partage » anticipé par l'ascendant de la totalité ou de partie » de sa succession entre ses descendants; — que les » successions ne s'ouvrent que par la mort; que » l'abandonnement et le partage faits par l'ascendant » en contemplation de cette mort et des droits futurs » de ses descendants à sa succession, ne sauraient leur conférer la qualité d'héritiers; que » l'ascendant ne peut leur abandonner par avance

» la propriété des biens dont il se dépouille en leur
» faveur et en faire entre eux un partage anticipé,
» destiné dans sa pensée à tenir lieu du partage
» légal au moment de l'ouverture de sa succession ;
» — que c'est seulement au décès de l'ascendant,
» lorsque ses descendants co-partagés par lui en
» qualité d'héritiers présomptifs sont devenus héri-
» tiers, lorsque la saisine légale est venue se joindre
» à la saisine conventionnelle, qu'ils acquièrent en
» vertu de la loi, dont la puissance vient compléter
» l'œuvre de l'ascendant, la propriété à titre d'héri-
» tiers des biens compris dans le partage qui prend
» alors la place du partage légal, en remplit le rôle,
» en produit tous les effets et doit dès lors, pour
» être valable, en réunir toutes les conditions ; —
» que cette assimilation, sous ce rapport, au par-
» tage ordinaire du partage entre-vifs n'est que la
» conséquence nécessaire des caractères particuliers
» à ce partage, qui, pour assurer aux descendants
» les droits d'héritiers, plus étendus que ceux de
» simples donataires, et que l'ascendant a voulu
» leur transmettre, est obligé d'emprunter les se-
» cours de la loi des successions et, par suite, d'en
» accepter les règles essentielles, l'égalité entre les
» héritiers, l'inviolabilité de la réserve, règles dont
» l'application doit toujours être faite au moment
» où les droits qui en découlent sont nés, non du

Manque les pages 70.71 et 82.85

estimés suivant leur valeur à l'époque du décès de l'ascendant, mais toutefois, eu égard à leur état au moment de la donation-partage.

A l'appui de la thèse que l'estimation des immeubles donnés doit être faite suivant leur valeur au décès de l'ascendant, M. Genty donne un autre motif. Pendant la vie de l'ascendant, le partage entre-vifs n'existe pour cet auteur que comme donation, et ce n'est, dit-il, pag. 317 et en plusieurs autres endroits de son livre, qu'au décès de l'ascendant que la donation doit acquérir le caractère de partage.

M. Demolombe accepte cette théorie ; t. VI des Donnations et Testaments n°ˢ 134, 135 et suivants. Malgré toute l'autorité des deux savants professeurs, nous ne saurions entrer, d'une manière absolue, dans un tel ordre d'idées.

Ce qu'enseignent MM. Genty et Demolombe est parfaitement vrai du partage testamentaire qui ne produit aucun effet pendant la vie du testateur. L'ascendant, par une disposition de dernière volonté toujours révocable, ne peut transmettre à ses descendants qu'un droit futur et éventuel. Mais quand le partage est fait par acte entre-vifs, la situation nous paraît bien différente. L'ascendant, d'une part, se dépouille actuellement des objets donnés et partagés ; Les descendants, de leur côté, deviennent immédiatement propriétaires des objets compris dans leurs lots, sauf l'application ultérieure des articles 1078 et 1079, s'il y a lieu.

En conséquence, nous ne voudrions pas dire que le partage d'ascendant entre-vifs n'existe pas comme partage, avant le décès du donateur. Cette thèse nous semblerait contraire à l'esprit aussi bien qu'au texte des articles 1075 et suivants. Quand le législateur a dit que les ascendants pourront faire entre leurs descendants la distribution et le partage de leurs biens, et que ces partages pourront être faits par acte entre-vifs, il nous serait difficile de penser que le partage d'ascendant entre-vifs n'existe pas immédiatement pour les biens qui s'y trouvent compris, et qu'il ne devient un partage qu'à l'ouverture de la succession.

Durant la vie du père de famille, le partage a quelque chose d'éventuel, si l'on veut, puisque au décès de ce dernier, il peut se trouver frappé d'une nullité absolue (article 1078), ou attaqué pour cause de lésion et d'atteinte à la réserve (article 1079). Conséquemment, nous reconnaîtrons volontiers que du vivant du donateur, le partage d'ascendant est empreint d'un caractère provisoire, et qu'il ne devient définitif qu'au décès de son auteur. Ce n'en sera pas moins, suivant nous, un acte de partage, du jour même où il aura été conclu entre l'ascendant et ses descendants.

Mais ce que nous croyons absolument conforme aux principes et à la vérité des choses, c'est que l'enfant lésé dans un partage d'ascendant entre-vifs ne peut trouver le fondement de son droit pour agir en rescision ou en réduction, que dans la qualité d'héritier. Jusque-là, les enfants co-partagés ont possédé les biens compris dans leur lot comme donataires; au décès, ils les possèdent comme héritiers. Mais la qualité d'héritier confère d'autres droits que celle de donataire. Ces droits échus à l'héritier sont l'égalité dans les lots et l'inviolabilité de la réserve. Et voilà comment la Cour de Cassation nous paraît avoir très bien dit, dans l'arrêt du 24 juin 1868, que l'application des règles relatives à l'égalité et à la réserve *doit toujours être faite au moment où les droits qui en découlent sont nés, non du partage, fait accidentel de l'homme, auquel un pareil effet n'est pas attaché, mais du décès, fait prévu par la loi comme pouvant seul donner ouverture à la succession.*

Avant d'*être héritier*, le *donataire* peut-il se plaindre d'avoir été lésé dans la distibution d'un patrimoine sur lequel il n'a aucun droit actuel, — ou réclamer sa réserve légale dans une succession qui n'est pas encore ouverte?

Au surplus, une réflexion toute naturelle se présente, si l'on songe un instant à ce qui constitue l'essence du partage d'ascendant. Cet acte n'est pas autre chose qu'un partage anticipé de la totalité ou d'une partie des biens qui composeraient la succession, s'il n'en avait pas été disposé. — Aussi n'est-il pas autrement appelé dans la langue des affaires ou même du droit proprement dit; aussi la Cour de Cassation le qualifie-t-elle de la sorte dans l'arrêt qui précède et dans plusieurs autres. — Or, si tel est le partage d'ascendant; s'il a réellement pour objet la distribution et le partage de la totalité ou d'une partie des biens qui devraient composer la succession, n'est-il pas rationnel de conclure de cette donnée que l'estimation des biens partagés doit être faite suivant leur valeur au moment de l'ouverture de la succession, pour la conservation des droits de toutes les parties intéressées?

Forcés sans doute de reconnaître le mérite de cette conclusion, les partisans de l'opinion contraire contestent que le partage d'ascendant entre-vifs ou testamentaire puisse constituer un *partage anticipé*. Ils le contestent notamment :

1° A raison de la place qu'occupent les articles 1075 et suivants dans le Code Napoléon ;

2° Parce que ces textes ne disent pas que les pères et mères ou les autres ascendants pourront faire le partage anticipé de leur succession ;

3° Parce qu'il est essentiel, dit-on avec fondement,

de ne pas confondre la masse fictive de l'article 922 avec la masse réelle de la succession ;

4° Parce que ce ne serait pas à la loi des successions que le partage d'ascendant aurait emprunté les deux règles de l'égalité dans les partages et de l'inviolabilité de la réserve légale.

La première objection nous paraît sans gravité.

Les articles 1075 et suivants ne sont pas placés, il est vrai, au titre *des successions*, mais bien au titre *des donations et testaments*. — On pouvait, en effet, les ranger sous la rubrique qui les a reçus, à raison de ce que le partage d'ascendant devait être fait ou sous la forme de donation entre-vifs, ou sous la forme de testament. — Mais, de cette circonstance qu'ils occupent telle ou telle place dans la loi, il ne nous paraît nullement logique de conclure que le partage d'ascendant n'a pas pour objet de partager, par anticipation, c'est-à-dire avant l'heure, tout ou partie de la succession de l'ascendant. Le contraire résulte, à notre avis, de la force même des choses, en ce que cet acte dispose de tout ou de partie des biens qui composeront la succession, ou qui la composeraient s'il n'était pas intervenu.

Aussi bien, un auteur fort accrédité, Marcadé, sur l'article 1075, fait-il cette judicieuse remarque que les règles du partage d'ascendant auraient pu être placées dans le titre des succesions, tout comme dans le titre des donations et testaments. Ces règles, dit-il avec juste raison, n'appartiennent à la matière des donations et des testaments que pour la manière de réaliser le partage dont il s'agit.

Cela revient à dire que, pour la forme, le partage anticipé appartient au titre des donations et testaments, et que pour le fond, il appartient à la matière des successions.

La deuxième objection ne nous semble pas plus sérieuse. Sans doute, les articles 1075 et suivants du C. Nap. ne disent pas littéralement que les ascendants pourront faire le partage anticipé de leur succession, ou de leurs biens, entre leurs descendants héritiers présomptifs, dans la forme des donations entre-vifs. Mais ils ne se bornent pas à dire que les ascendants pourront faire, entre leurs descendants, la distribution et le partage de leurs biens présents avec les formalités, conditions et règles prescrites pour les donations entre-vifs. — Ils disent que les pères et mères et les autres ascendants pourront faire, entre leurs enfants et descendants, la distribution et le partage de leurs biens, et que ces partages pourront être faits par actes entre-vifs ou testamentaires, etc. etc.

Nous demandons d'abord s'il est possible de nier, en présence de ces dispositions légales, que le partage testamentaire soit un partage anticipé des biens qui composeront la succession ? Nous ne voudrions certes pas nous livrer à des subtilités sur la signification d'un mot; il faut bien toutefois déterminer le sens de celui-ci, *partage anticipé*, généralement admis, comme nous le disions tout-à-l'heure, dans la langue des affaires et du droit. Eh bien! cette expression, *partage anticipé*, ne veut pas dire autre chose que partage *fait avant le temps*. Il fait donc un partage anticipé le testateur qui partage lui-même entre ses descendants, dans la forme testamentaire, le patrimoine que ceux-ci auraient eu à se partager après la mort de leur auteur. Ceci nous paraît de la dernière évidence.

Passons au partage par donation entre-vifs. Ce partage ne peut pas avoir pour objet les biens à venir du donateur, non pas seulement en force du deuxième paragraphe de l'article 1076, mais en force surtout de la disposition générale de l'article 943, laquelle porte que la donation entre-vifs ne pourra comprendre que les biens présents du donateur, et que si elle comprend des biens à venir, elle sera nulle à cet égard. Mais le partage entre-vifs n'en est pas moins un partage du patrimoine actuel du donateur; en d'autres termes, un partage anticipé d'une partie de sa future succession; disons de la partie la plus claire et la plus nette de sa future succession. — Il est même à remarquer que cette dénomination, *par-*

tage anticipé, convient mieux au partage entre-vifs des biens présents du donateur qu'au partage testamentaire, qui peut comprendre toute la succession, il est vrai, mais qui ne produit son effet qu'au décès du testateur, quoique fait à une époque antérieure.

Le partage d'ascendant pourra bien quelquefois ne pas être un partage anticipé de tout ou de partie d'une future succession, dans le sens rigoureux des mots, s'il n'a pas été fait entre tous les enfants qui existeront à l'époque du décès et les descendants de ceux prédécédés (article 1078). Mais, dans la pensée de la loi qui statue *de eo quod fit plerumquè*, et dans les prévisions du donateur ou du testateur qui veut éviter, entre ses enfants, des contestations judiciaires après son décès, le partage entre-vifs n'est pas autre chose que le règlement futur de l'hérédité, ou tout au moins de la partie la plus nette de l'hérédité. La discussion de la loi des partages d'ascendants abonde en considérations qui font de cet acte un traité de famille dans lequel l'auteur de la disposition distribuant, par anticipation, à ses descendants son patrimoine tout entier ou partie de ce patrimoine, évitera les dissensions et les débats ruineux que les partages d'après décès font naître si souvent.

M. le président Réquier, lui-même, en plusieurs endroits de son livre, s'exprime de manière à faire comprendre qu'il considère le partage d'ascendant, même par acte entre-vifs, comme un partage anticipé de partie de la succession. « Le donateur, dit-il (p. 122), en distribuant ses biens à ses enfants, ne fait que les saisir, *par anticipation*, de la portion qui leur était réservée par la loi, et à laquelle ils n'auraient eu droit qu'à son décès. » — Plus loin (p. 193, 194, 195), il enseigne que l'ascendant donateur ne fait que remettre, *par anticipation*, à ses héritiers futurs les biens qu'ils étaient appelés à recueillir par *droit de succession ;* il appelle même le partage d'ascendant entre-vifs une sorte de *succession anticipée* qu'il est juste d'assimiler aux successions naturelles pour la perception des droits de mutation ; il ajoute que l'ascendant donateur a entendu transmettre à ses enfants la propriété des biens qui devaient *composer sa succession*, afin que chacun d'eux pût prendre immédiatement possession de sa part. Enfin, M. Réquier (p. 272 et 273) professe cette opinion que le père de famille peut se démettre de ses biens en faveur de ses enfants, sans en opérer lui-même le partage réel, et que *cette donation*, ayant pour effet de saisir, *par anticipation*, *les héritiers présomptifs du donateur de la quote-part qu'ils auraient recueillie dans sa succession*, doit être considérée comme constituant une disposition faite en vertu des articles 1075 et suivants.

La donation dont parle **M. Réquier** serait-elle un partage d'ascendant régi par la loi spéciale à cette matière ? Ce point peut être douteux. Constatons toutefois que notre auteur, dans les divers passages précités, reconnaît de la manière la plus explicite et la plus formelle que le partage d'ascendant, même celui fait sous forme de donation entre-vifs, constitue un partage anticipé de partie de la succession du disposant.

De son côté, **M. Demolombe**, dont les opinions sont toujours d'un si grand poids, enseigne formellement (t. V, *Des donations et testaments*, n° 707, p. 668) que le partage d'ascendant autorisé par notre Code *est celui par lequel l'ascendant fait la division anticipée de sa succession entre ceux de ses enfants que la loi appelle à la recueillir, après son décès.*

N'est-ce pas dire très explicitement que le partage d'ascendant est un partage anticipé de la succession du donateur ou du testateur ? Or, ce point admis, n'est-on pas forcément conduit à la conséquence tirée plus haut, que l'estimation des biens partagés doit avoir lieu suivant leur valeur au jour de l'ouverture de la succession pour l'exercice des deux actions de l'article 1079 ?

Aussi devons-nous ajouter que **M. Demolombe** s'arrête à cette solution qu'il maintient avec fermeté.

La troisième objection consiste à dire qu'il ne faut pas confondre la masse fictive de l'article 922 avec la masse réelle formant la consistance de la succession. On ajoute que les biens donnés en vertu de l'article 1075 sont affranchis de la loi du *rapport*, et que l'article 1077 ne permet pas de les comprendre dans la masse qui doit être partagée au décès du donateur.

Cela est certain, et nous n'entendons pas appliquer au cas que nous avons en vue les règles du *rapport* proprement dit ; nous nous en tenons à celles de la *réunion fictive*, et nous disons que les biens dont il a été disposé par la donation-partage devront être estimés conformément à l'article 922, d'après leur état à l'époque de la donation, et suivant leur valeur au moment du décès du donateur.

La quatrième objection se résume en ceci, que le partage d'ascendant n'aurait pas emprunté à la loi des successions les deux règles de l'*égalité dans les partages* et de l'*inviolabilité de la réserve légale ;* qu'il ne faut donc pas dire que ces règles doivent s'appliquer, non au moment du partage, mais seulement à l'ouverture de la succession.

Où donc est écrit le principe général de l'égalité, en matière de partage, si ce n'est dans l'article 887, au titre : *Des successions ?* L'article 1079 ne fait pas autre chose que reproduire cette règle, l'empruntant certainement à la loi des successions, ou des partages des successions, si l'on veut.

Quant à l'inviolabilité de la réserve légale, elle est établie par les articles 913 et suivants, au titre : *Des donations entre-vifs et des testaments*, chap. : *De la portion de biens disponible et de la réduction.* Mais ces textes n'en constituent pas moins un principe important de toutes les successions où il y a des héritiers à réserve, c'est-à-dire des descendants ; et l'on sait que le partage des articles 1075 et suivants ne peut avoir lieu que d'ascendant à descendants. La vérité des choses est donc que les prescriptions des articles 913 et suivants se lient d'une manière indissoluble à la loi des successions, pour y régler la réserve légale et la quotité disponible. — D'où l'on doit conclure, à notre avis, que l'objection proposée manque d'exactitude, en ce que nous sommes forcément ramenés à la matière des successions, et que les deux grandes règles d'égalité dans les partages et d'inviolabilité de la réserve doivent être appliquées, non au moment de la donation-partage, mais au temps de l'ouverture de la succession du donateur.

Contre l'estimation des immeubles donnés, suivant leur valeur à l'époque du décès du donateur, nous avons entendu formuler cette autre objection : Mais si l'ascendant s'était borné à faire une

« teur, et qu'enfin d'Ar... père, fait donation entre-
« vifs, toujours à titre de partage, à ses quatre
« enfants du restant de ses biens ; mais que la dis-
« tribution et le partage de ces biens ne sont point
« opérés par le père donateur, et qu'il est stipulé,
« au contraire, etc. etc. »

On nous assure que le pourvoi contre cet arrêt
rendu sous la présidence de l'auteur de ces lignes
a été rejeté par la Chambre des Requêtes.

Mais l'hypothèse qui précède ne peut pas se
confondre avec le partage d'ascendants entre-vifs,
non plus qu'avec les règles propres à ce dernier
partage opéré par l'ascendant, et nullement par les
co-donataires. Ce qu'il y aurait à pratiquer dans le
premier cas ne saurait donc exercer aucune influence
sur le deuxième, où doivent être rigoureusement
observées les dispositions spéciales aux partages
d'ascendants proprement dits. Cette distinction nous
ramène à l'estimation des biens au décès, et la
dernière objection nous paraît rester sans force,
aussi bien que les précédentes.

Dans le système contraire aux arrêts de la Cour
suprême, on veut relier l'article 890 aux articles 1075
et suivants, et en faire une règle absolue des partages d'ascendants.

Revenons à la lecture attentive des articles 1075
et 1076, laquelle nous paraît fort instructive au

point de vue particulier de la question qui nous occupe. — Pour y trouver un renvoi implicite à l'article 890 C. Nap., il faut, ce nous semble, une extrême bonne volonté; pour l'y trouver, au contraire, à l'article 922, il n'y a qu'à s'en tenir aux termes exprès de la loi. Le partage d'ascendant est-il fait par acte de donation, le législateur a eu soin de dire qu'il serait soumis aux formalités, conditions et *règles* prescrites par les donations entre-vifs. Or, une des règles les plus générales, les plus formelles des donations entre-vifs, c'est l'application de l'article 922. Mais la disposition de ce dernier texte est absolument exclusive de celle de l'article 890.

Passons à l'article 1078. Il dispose que si le partage d'ascendant n'est pas fait entre tous les enfants qui existeront à l'époque du décès et les descendants de ceux prédécédés, ce partage sera nul pour le tout, et qu'il pourra en être provoqué un nouveau, dans la forme légale, soit par les enfants ou descendants qui n'y auront reçu aucune part, soit même par ceux entre qui le partage aura été fait.

Le partage d'ascendant est donc frappé de nullité s'il n'a pas été fait entre tous les enfants. — Mais l'enfant omis n'aura d'action qu'au décès du père de famille. — La raison en est facilement comprise. Pendant sa vie, le défunt avait certainement la faculté de disposer de ses biens ainsi qu'il le jugeait convenable. Aucun de ses héritiers ne pouvait le contraindre à lui attribuer une part quelconque de son patrimoine. Tout donner à quelques-uns, ne rien attribuer aux autres, tel était son droit. L'enfant ou les enfants omis ne pouvaient avoir d'action à intenter qu'au décès de leur auteur. Cela est élémentaire.

Mais n'est-il pas logique de conclure de ces prémisses que si l'enfant qui n'a rien reçu ne peut élever la voix et faire entendre sa réclamation qu'au décès de son père, l'enfant qui se dit lésé par l'attribution incomplète qui lui aurait été faite ne saurait être admis à se plaindre avant la même époque, et qu'à ce moment, il ne devra être écouté qu'en tenant compte de la valeur actuelle des biens qui lui ont été donnés ?

Nous arrivons à l'article 1079 conçu en ces termes : « Le partage fait par l'ascendant pourra être attaqué pour cause de lésion de plus du quart ; il pourra l'être aussi dans le cas où il résulterait du partage et des dispositions faites par préciput que l'un des co-partagés aurait un avantage plus grand que la loi ne le permet. » — Le législateur ne peut être facilement soupçonné de manquer de logique. Dans l'article 1078, il a certainement en vue une action intentée au décès, réglée au décès, en définitive un nouveau partage au décès. Et, dans la première disposition de l'article 1079, il passerait à un ordre d'idées diamétralement opposées ; il voudrait le remaniement du partage d'après une estimation faite suivant la valeur, non plus au décès, mais au temps du partage ! Cela ne se conçoit guère ; cela se conçoit d'autant moins que la deuxième disposition de l'article 1079 n'a elle-même en vue que le décès, l'ouverture d'un droit au décès, la réserve légale et la quotité disponible à calculer au décès. — De la sorte, sans qu'une seule expression pût autoriser une interprétation pareille, on voudrait mettre le législateur en contradiction avec ce qui précède, avec ce qui suit, disons plutôt en contradiction avec lui-même. — Cela nous paraît étrange, et nous n'y saurions souscrire. Aussi bien, sur deux textes absolument identiques, dans la première et dans la deuxième disposition de l'article 1079, nous faisons une seule et même réponse, et nous disons dans les deux cas : *Estimation à faire d'après la valeur au décès du père de famille.*

Le lecteur nous pardonnera d'insister sur l'interprétation de l'article 1079 ; nous sommes au cœur de la difficulté.

Les partisans du système contraire font de cet article la base de leur argumentation. L'auteur d'un partage d'ascendant, disent-ils, est obligé de se conformer à la règle de l'égalité (art. 1079) ; il fait un partage, et non pas un simple avancement d'hoirie ; donc, il est soumis au principe d'égalité commun à tous les partages. Ils ajoutent que le père de famille qui fait à ses enfants de simples avancements d'hoirie, peut répartir ses libéralités à son gré, tandis que l'ascendant qui procède en vertu de l'article 1075, est soumis aux dispositions de l'article 1079.

Ce que l'on dit de la nécessité dans laquelle se trouve l'ascendant donateur de se conformer au texte de loi qu'on invoque est parfaitement vrai.

Mais la thèse à prouver n'est pas le moins du monde que l'article 1079 régit les partages d'ascendants. Une thèse pareille n'a besoin ni de grands efforts, ni de savants raisonnements pour être établie ; elle constitue, ni plus ni moins, la thèse littérale de la loi.

La thèse à établir est celle-ci : Prouver que dans le premier cas de l'article 1079 on doit estimer les biens suivant leur valeur au moment de la donation-partage, et non pas suivant leur valeur au décès.

Eh bien , l'affirmation cent fois répétée que la question est résolue par la lettre de l'article 1079 ne fournirait pas un instant cette preuve. Il resterait toujours une affirmation sans démonstration.

L'article 1079 est muet, absolument muet, sur notre question. Voilà une vérité de fait qu'il faut reconnaître. — Si ce texte est muet dans sa lettre, interrogeons-le dans son esprit.

Tel est le véritable terrain de la discussion.

Mais l'esprit de l'article 1079 doit se révéler suivant les lois ordinaires de la logique.

Dans son deuxième cas, quelle est la date de l'estimation ? Le décès ; tout le monde le reconnaît.

Pourquoi donc une date différente dans le premier cas ? La disposition légale est littéralement la même pour les deux situations.

L'action de l'article 1078 s'exerce au décès ; celle du deuxième paragraphe de l'article 1079 s'exerce de même au décès, et celle du premier paragraphe de l'article 1079 s'exercerait à une autre époque, ou plutôt suivant la valeur à une autre époque !...

Sans doute, le droit à l'égalité dans les partages d'ascendants est certain ; mais il constitue un droit ouvert seulement au décès. Avant cette époque, les prétentions d'un *donataire* seraient prématurées, parce qu'il ne serait pas *héritier*.

Comprendrait-on une action en rescision pour cause de lésion de plus du quart exercée au décès de l'ascendant par un demandeur qui, largement rempli de ses droits suivant l'estimation des biens à cette époque, se trouverait réduit à dire : J'étais lésé suivant la valeur des biens au moment de la donation-partage ?

Ce dernier aperçu nous paraît important. — Quel serait, en effet, le juge qui voudrait prêter l'oreille

aux réclamations d'un demandeur disant : Mon lot,
suivant la valeur d'aujourd'hui, me remplit suffisamment de mes droits, mais cette valeur au moment du partage était moindre ; — alors j'étais lésé
d'un quart et au-delà ; — je demande un nouveau
partage, en me fondant sur l'estimation des biens
suivant leur valeur à l'époque du partage ?

Faudrait-il, en ce cas, que le défendeur, pour arrêter l'action, fût obligé de recourir au bénéfice de
l'article 891 et de fournir au demandeur le supplément de sa portion, soit en numéraire, soit en nature ? — Mais la portion du demandeur serait complète en tenant compte de la valeur des biens au
moment du décès ou de l'instance judiciaire.

Dirait-on que dans un partage anticipé, les donataires étant les *enfants*, les *descendants* du donateur,
on ne saurait les assimiler à des étrangers envers
lesquels ce dernier n'aurait aucune obligation à
remplir ?

Oui, sans doute, le donateur ne doit rien à des
donataires qui lui sont étrangers ; il ne doit rien,
même à des donataires ses parents collatéraux. —
Les descendants, au contraire, ont un droit sur les
biens de leur ascendant.

Mais quelle est la nature de ce droit ? — La *légitime* ancienne, ou la *réserve* moderne.

Quand aura lieu l'ouverture de ce droit ? — Au
décès de l'ascendant.

Ce sera donc au décès de leur auteur que les enfants donataires co-partagés seront admis à se plaindre, s'ils ne sont pas remplis, à cette époque, de leurs entiers droits. Le donateur, pendant sa vie, a donc pu disposer de son patrimoine comme il l'a entendu, sans donner lieu à une action de lésion, pas plus qu'à une action de réserve, lesquelles doivent nécessairement avoir pour base le préjudice éprouvé au moment du décès, et non pas le prétendu préjudice éprouvé à une autre époque.

Passons à un autre ordre d'arguments. La jurisprudence est fixée, nous l'avons vu, en ce sens que la lésion dans le partage d'ascendant entre-vifs ne peut légitimer une action en rescision que si la lésion de plus du quart existe, non pas seulement sur les biens partagés, mais encore sur ces biens et sur ceux qui composent la succession. — Elle l'est encore en ce sens que les biens compris dans un partage d'ascendant entre-vifs doivent être réunis fictivement à ceux existant au décès de l'ascendant, pour opérer le calcul de la réserve et du disponible. — Elle l'est enfin sur ce point qu'il n'y a dans le partage d'ascendant entre-vifs un avantage réductible que dans le cas où la libéralité préciputaire au profit de l'un des enfants entamerait la réserve légale des autres sur l'ensemble des biens donnés et des biens trouvés dans la succession de l'ascendant. Il faut, d'ailleurs, reconnaître qu'en l'état de notre législation, ces décisions sont parfaitement conformes aux véritables principes.

Mais, pour procéder aux diverses opérations que comporte ou qu'exige une telle jurisprudence, serait-il possible d'admettre que les biens compris dans le partage d'ascendant entre-vifs et les biens existant en réalité dans la succession, dussent être estimés, les uns suivant leur valeur à l'époque du partage, les autres suivant leur valeur à l'époque du décès du père de famille ? — Ne serait-ce pas la violation flagrante des dispositions de l'article 922 ? Ne serait-ce pas la consécration d'une injustice manifeste, si les immeubles compris dans le partage d'ascendant entre-vifs avaient augmenté de valeur par une circonstance purement fortuite et tout-à-fait indépendante des impenses du donataire ?—Voyez combien le mode d'estimation de l'article 922, pour les biens donnés, *état à l'époque de la donation, valeur au temps du decès du donateur*, répond mieux aux exigences du droit et de l'équité.

On dira que l'article 922 doit être appliqué s'il s'agit de *réduction* proprement dite, mais qu'il ne doit point l'être s'il s'agit de *rescision pour lésion*. Nous avons vu plus haut que les motifs de distinguer ne paraissent pas sérieux, la qualité d'héritier étant nécessaire pour l'exercice de l'une et de l'autre action, et l'action de rescision constituant un droit héréditaire aussi bien que l'action de réduction.

Il y a plus : lorsque le préciput sera du quart seulement, c'est-à-dire lorsqu'il y aura trois enfants ou un plus grand nombre, le don du préciput à l'un des enfants, ou la lésion du quart produiront un résultat identique.

Un avantage dépassant légèrement le préciput du quart, ou une lésion d'un peu plus du quart pourront donner lieu à une double action en justice. Les réservataires, dans ces deux hypothèses, pourront introduire, à leur choix, l'une ou l'autre action de l'article 1079; ou plutôt, bien avisés (les praticiens expérimentés n'y manquent jamais), ils les exerceront toutes les deux par une seule demande, en ayant soin, sans autre effort d'imagination, de se maintenir dans les termes généraux de notre article.

Et l'on voudrait, sur la première action, une estimation suivant la valeur au temps du partage,

Et, sur la seconde, une estimation suivant la valeur au temps du décès !

Plaçons-nous à ce point de vue tout pratique de la difficulté; nous en avons déjà dit un mot au sujet de l'arrêt d'Agen du 8 juillet 1868. Entre un préciput du quart dépassé et une lésion de plus du quart, il n'y a pas de différence dans le calcul. Rendons ceci plus sensible par des chiffres. — Dans ce but, supposons un patrimoine de 100,000 francs à partager entre quatre enfants. Le préciput est de 25,000 f.; la réserve légale de chacun des enfants est de 18,750 fr. S'il n'y a pas de préciputaire, la part revenant à chaque enfant est de 25,000 fr. La lésion pouvant être impunément du quart, l'enfant réduit à 18,750 fr. ne saurait être admis à se plaindre. Dans les deux cas, réserve de 18,750 fr. intacte, ou portion réduite à 18,750 fr., il n'y a pas d'action utile à intenter. Abaissons hypothétiquement ce chiffre de 18,750 fr., et les deux actions sont ouvertes, elles sont parfaitement fondées

Encore une fois, comment dire, dans un cas, estimation suivant la valeur des biens au temps du partage, et, dans l'autre, estimation suivant leur valeur au temps du décès ? — Qui ne voit que le demandeur choisira l'action qu'il croira préférable, et que l'estimation au temps du partage sera toujours évitée si tel paraît être l'intérêt de l'enfant qui formera la demande ?

Les calculs auxquels nous venons de nous livrer supposent, il est vrai, les deux actions de l'article 1079 dirigées contre le même défendeur. Nous avons procédé à la manière du législateur qui statue pour les cas les plus fréquents. Or, dans une longue pratique, nous avons vu presque constamment l'enfant donataire par préciput en butte à la double action de rescision et de réduction. Cela s'explique : la libéralité hors part dont il a été l'objet devient le véritable point de mire de ses co-héritiers.

En faveur du système de l'estimation des biens au temps de la donation-partage, on invoque encore des considérations d'équité. — Il serait souverainement injuste, dit-on, de s'en tenir à la valeur des immeubles au décès. L'enfant donataire de ces immeubles les aurait considérablement améliorés par un labeur opiniâtre ou par des dépenses majeures, et l'on voudrait prendre pour base de la lésion la valeur de ces biens au décès de l'ascendant!... Mais ce serait la ruine du co-partageant qui peut-être aurait fait doubler le produit des immeubles compris dans le lot que lui attribua le père de famille.

Soyons sages de la sagesse du législateur, et ne nous laissons point aller à de telles exagérations. L'article 922 remédie à merveille aux prétendues iniquités qu'on signale. Nous avons vu qu'il prescrit l'estimation des biens donnés *d'après leur état à l'époque des donations et leur valeur au temps du décès du donateur.* Cela est parfaitement juste, et cela revient à dire qu'il sera tenu compte au donataire des améliorations qu'il aura faites à *la chose* donnée, et que, de son côté, il devra supporter le montant des détériorations qui auront diminué la valeur de *cette chose* par son fait, par sa faute ou par sa négligence.

Sans doute, ce sont là des estimations difficiles à opérer avec exactitude. Mais croit-on, par hasard, que le partage d'ascendant entre-vifs remontant à 1840, par exemple, et l'ouverture de la succession n'ayant lieu qu'à vingt-cinq ou trente ans de là, il soit bien commode de déterminer la valeur des biens au temps du partage? — Les tribunaux fixeront soigneusement le mandat à donner aux experts, et ceux-ci procèderont en leur âme et conscience, suivant les règles plus ou moins certaines de leur profession. On ne peut exiger autre chose pour la sauvegarde de tous les droits.

En opposition à la prétendue injustice de l'estimation des biens au jour du décès, voyons les conséquences possibles de l'estimation au jour de la donation-partage. — L'ascendant possède une usine de grand produit aujourd'hui; il l'attribue à *Pierre*. — Il a de belles prairies sur les bords d'un cours d'eau; il les expédie à *Jean*. — Il possède encore des terrains à bâtir de peu d'importance au moment de la donation-partage; il les donne à *Paul*. Le tout est très équitablement distribué.

Vingt ans plus tard, survient le décès de l'auteur de ce partage d'ascendant.

Mais, à cette époque, l'usine, valeur purement industrielle, n'est plus qu'une charge pour Pierre, son possesseur; l'industrie qui la faisait prospérer est tombée dans un discrédit absolu. — Les riches et fertiles prairies attribuées à Jean ne sont plus qu'un gravier ; le torrent, dans un débordement aussi désastreux qu'imprévu, les a ravagées. — Les terrains à bâtir ont décuplé de valeur, au contraire ; ils ont été compris dans l'enceinte d'une grande ville. — Paul est devenu millionnaire, parce que le mètre carré de terrain qui valait un franc autrefois en vaut dix aujourd'hui.

Si, pour vérifier la lésion, sur la demande de Pierre et de Jean dirigée contre Paul, il faut estimer les biens suivant leur valeur à l'époque du partage, tout est dit ; la ruine des demandeurs est irrémédiablement consommée. A côté d'eux, Paul vivra dans l'opulence, insultant peut-être par son luxe à la misère de ses deux frères.

Les voilà pourtant les conséquences possibles, ne pourrait-on pas dire les énormités, de l'estimation au temps du partage !...

Revenons à la vérité : estimons les biens partagés d'après leur état à l'époque de la donation-partage et suivant leur valeur au temps du décès de l'ascendant donateur ; tous les droits seront saufs, et la justice sera satisfaite.

Objecterait-on que l'estimation au temps du décès du donateur devant avoir lieu, ainsi que nous venons de le dire, eu égard à l'état des biens au jour

u partage, le mal, dans notre espèce, ne serait pas
éparé. Ce serait oublier que si l'immeuble a été dé-
érioré par un cas fortuit ou par tout autre cause
urement accidentelle, il ne doit être compris dans
a réunion fictive que pour la valeur au jour du dé-
ès, et selon l'état auquel peuvent l'avoir réduit les
as fortuits ou les accidents.

Somme toute, quelles que soient les difficultés de
a question, quelque graves qu'on puisse les trouver,
es données de la jurisprudence, les règles qu'elle a
onsacrées, l'autorité des principes, l'interprétation
u deuxième paragraphe de l'article 1079 éclairée
ar ce qui précède et par ce qui suit, enfin les consi-
érations les plus puissantes, nous paraissent se
éunir en faveur de cette solution que la Cour su-
rême proclame une vérité juridique en ordonnant
'estimation des immeubles donnés par un partage
'ascendant fait sous forme de donation entre-vifs,
uivant leur valeur au décès de l'ascendant dona-
eur, mais suivant leur état au moment de la dona-
ion-partage, dans les deux cas prévus par l'ar-
icle 1079 du Code Napoléon.

Des modifications à introduire dans la loi des partages d'ascendants.

Nous avons dit que la réforme législative proposée porterait sur ces trois points :

1° L'ascendant donateur pourrait attribuer à l'un de ses descendants tous ses biens immobiliers et mettre dans le lot des autres des valeurs mobilières de diverse nature ou de l'argent.

2° L'estimation des biens donnés par un partage d'ascendant entre-vifs devrait être faite, dans les deux cas de l'article 1079 C. Nap., suivant leur valeur à l'époque du partage.

3° La prescription des actions dirigées contre le partage d'ascendant devrait être réduite au délai de deux ans.

Au moment de nous expliquer sur ces trois divers chefs, il nous vient involontairement à l'esprit cette pénible pensée, que le respect de la loi n'égale pas, parmi nous, le désir d'en modifier les dispositions ou de la changer.

Les lois sont faites pour le plus grand bien de

l'humanité, *ut homines feliciùs degant*, disait Bacon. Il semble aussi, et c'est peut-être notre excuse, qu'à l'envi nous éprouvions l'incessant besoin d'en faire ou d'en proposer de nouvelles.

Que de motifs cependant de nous montrer circonspects en cette matière !...

Soyons convaincus, d'abord, que les plus expérimentés, les plus habiles d'entre nous ne donneront jamais à la loi un tel degré de perfection qu'elle ne porte l'empreinte de la faiblesse humaine. Une vérité trop oubliée de nos jours c'est que l'imperfection est inhérente à tout ce qui sort de la main des hommes.

L'expérience des siècles devrait nous apprendre qu'une loi nouvelle nous prépare souvent une nouvelle déception, parce que, bien à tort, nous attendons des institutions seules ce qui ne peut venir que de leur application intelligente et sage, de nos dispositions personnelles et de notre propre volonté. « Toutes les lois sont bonnes, si on les applique » bien, — disait un penseur du siècle dernier ; — » toutes sont mauvaises, si on les applique mal. » Sous une forme paradoxale, cette pensée contient un grand fond de vérité.

N'oublions pas, surtout, que la stabilité dans les institutions est le premier élément de conservation des sociétés, et qu'à chaque modification importante de la législation d'un pays, les diverses parties de l'édifice social reçoivent une commotion.

Montaigne comparait l'ensemble des lois à un bâtiment dont il est impossible d'ébranler une pièce sans que toutes les autres en souffrent. — Il citait l'exemple de Charondas faisant décréter qu'un citoyen ne pourrait proposer au peuple l'abolition d'une loi, ou demander la création d'une loi nouvelle, sans se présenter devant l'assemblée, la corde au cou, pour être *incontinent estranglé si la nouvelleté n'estoit approuvée d'un chacun. Il y a grand doubte*, disait-il (*Essais*, liv. Ier, chap. 22), *s'il se peult trouver si évident proufit au changement d'une loy receue, telle qu'elle soit, qu'il y a de mal à la remuer.* Il rappelait encore l'exemple de Lycurgue employant sa vie *à tirer des Lacédémoniens une promesse asseurée de n'enfreindre auculne de ses ordonnances.* La pensée de Montaigne était bien d'un homme *desgousté de la nouvelleté quelque visage qu'elle porte*, et qui s'écriait un peu plus loin : *Il y a grand à dire entre la cause de celuy qui suyt les formes et les loix de son païs, et celuy qui entreprend de les régenter et changer !*

Bacon et Montesquieu, au contraire, étaient dans la vérité lorsqu'ils disaient, le premier, que *le mépris pour les lois vieillies rejaillit sur les autres et leur fait perdre quelque peu de leur autorité* (*Dig.*

et accr. des sciences, n° 57), et le second, qu'*il ne faut point faire de changement dans une loi, sans une raison suffisante* (*Esprit des lois*, liv. XXIX, chap. 16).

Est-ce à dire que les institutions humaines doivent s'immobiliser?

Assurément non. — Appropriées aux mœurs et aux besoins des peuples, elles se transforment avec ces besoins et ces mœurs, en même temps qu'elles les tempèrent et les corrigent, tendant sans cesse, par une action salutaire, à élever le niveau moral de l'humanité.

Ainsi, dans l'ordre politique, l'exemple nous est donné de haut d'une modification profonde de la Constitution ; et, dans l'ordre civil, l'enquête agricole nous convie à toutes les innovations qui peuvent se recommander par un caractère sérieux d'opportunité et d'utilité. — Notre adhésion à ce double mouvement est entière. — Nous avons, toutefois, la ferme conviction que le véritable progrès n'est pas uniquement dans l'amélioration des lois politiques et civiles, et qu'il dépend surtout du développement des idées morales et religieuses qui malheurement s'affaiblissent tous les jours.— Fussent-elles aussi parfaites qu'il est possible de l'imaginer, les institutions sociales ne sauraient, à elles seules, assurer l'avenir et faire le bonheur des peuples.

Quærite primùm regnum Dei et justitiam ejus, et hæc omnia adjicientur vobis. (St. Math. VI, 33.)

Nous devons ajouter que le Code qui règle nos droits et nos intérêts civils, heureux produit du grand savoir et de l'expérience de nos devanciers, est, à notre avis, sauf quelques points secondaires, la meilleure législation que les hommes aient su jusqu'à présent se donner (1). Il est donc sage de ne

(1) Le lecteur nous permettra de citer ici quelques lignes de M. Troplong empruntées à sa belle préface du Commentaire de la vente ; l'éminent jurisconsulte y dépose son jugemen sur le Code Napoléon. « En me livrant, dit-il, à l'exament consciencieux du Code Civil, je ne dissimule pas que j'ai été dominé par l'idée de sa supériorité sur tous les travaux de codification qui l'ont précédé. J'ajouterai même que le droit dont il est l'expression me paraît le plus parfait, le plus digne d'un peuple civilisé qui jamais ait été écrit. Cette assertion fera probablement jeter plus d'un cri de surprise et de dissentiment. Les admirateurs des jurisconsultes qui illustrèrent le siècle d'Alexandre Sévère s'inscriront peut-être en faux contre moi, mais un mot d'explication pourra, je l'espère, nous mettre d'accord.

Les Ulpius, les Caïus, les Popricius, seront toujours placés à la tête de la science par leur excellente logique et leurs vues profondes . . . .
. . . .
. . . .
Mais ce qu'ils ne purent que tenter le Code l'a pleinement réalisé. L'impulsion progressive qu'ils commencèrent, le Code l'a devancée par un mouvement plus rapide et plus vif. A eux appartient la perfection artistique ; au Code Civil, la perfection philosophique ; et c'est celle-ci qui importe le plus au peuple. Entre le droit qu'ils nous ont transmis, et celui que le Code Civil renferme, il y a toute la distance du Paganisme au Christianisme, du stoïcisme à la morale chrétienne. »

toucher à ses dispositions qu'avec une réserve extrême, et après de longues et consciencieuses études. *Par une bizarrerie qui vient plutôt de la nature que de l'esprit des hommes*, dit Montesquieu, Lettres Persannes, let. 79, *il est quelquefois nécessaire de changer certaines lois, mais le cas est rare, et lorsqu'il arrive, il n'y faut toucher que d'une main tremblante; on y doit apporter tant de solennité et de précaution, que le peuple en conclue naturellement que les lois sont bien saintes puisqu'il faut tant de formalités pour les abroger.*

Cela dit, arrivons à notre première modification législative.

A ce sujet, nous avons essayé de démontrer que le Code Napoléon n'a pas les rigueurs égalitaires qu'une jurisprudence trop radicale lui suppose, et nous osons prier le lecteur de se reporter, sur ce point, à notre première étude.

Serions-nous dans l'erreur,—la chose est possible, —et, pour atteindre le but proposé, fallût-il recourir au moyen extrême d'un nouveau texte de loi, il va de soi que nous réclamerions, nous aussi, pour tout ascendant, la faculté qui nous a paru résulter de l'ensemble des articles 1075 à 1080 du C. Nap. inclusivement.

Le droit qu'obtiendrait ainsi le père de famille, —

s'il ne le possède pas aujourd'hui,—de faire passer la totalité de ses biens immeubles sur la tête de l'un de ses enfants, en prenant la voie du partage anticipé, nous paraît se justifier sans peine par les diverses considérations qui doivent préoccuper le législateur et déterminer ses résolutions.

Etudions notre sujet au triple point de vue juridique, économique et moral.

Le côté plus particulièrement juridique de la question ne nous paraît pas, dans le sens de notre solution, offrir de sérieuses difficultés.

Une première considération nous semble capitale ; elle est puisée aux sources mêmes du droit de propriété. — La propriété a-t-elle son principe dans le droit naturel ? ou bien, ne serait-elle qu'une institution civile ? — Sans qu'il soit nécessaire de le rechercher ici, nous adoptons la première solution comme étant seule l'expression de la vérité.

Qu'il nous soit permis, toutefois, d'emprunter encore sur ce point quelques lignes de M. Troplong prises dans une note de la préface que nous citions tout-à-l'heure.

« Je crois, dit M. Troplong, à l'existence d'un
» droit naturel, supérieur à l'homme, et condition
» de sa nature sociale. Rien ne me paraît plus faux
» et plus dégradant pour l'humanité que le système
» contraire renouvelé d'Archelaüs par Bentham, et

» qui veut que nos actions soient toutes indiffé-
» rentes, quand il n'y a pas une convention faite
» entre les hommes pour les rendre licites ou les
» défendre. A mon sens, il est des règles antérieu-
» res à toutes les lois positives, et je ne saurais
» admettre que les mouvements de la conscience et
» l'idée du droit soient l'ouvrage du législateur. Ce
» n'est pas la loi qui a fait la famille, la *propriété*,
» la liberté, l'égalité, la notion du bien et du mal.
» Elle peut sans doute organiser toutes ces choses ;
» mais elle ne fait alors que travailler sur le fonds
» que la nature lui a donné, et elle est d'autant plus
» parfaite qu'elle se rapproche davantage de ces
» lois éternelles, immuables, innées, que le Créa-
» teur a gravées dans nos cœurs. Cette pensée que
» j'énonce ici en passant, n'est pas de pure spécu-
» lation, elle se lie à toute notre existence sociale.
» Ainsi, par exemple, voulez-vous, avec Vattel,
» Mirabeau et autres publicistes, que ce soit la loi
» qui ait fait la propriété? Vous arrivez bien vite à
» ce qu'on appelle la loi agraire et à la plus odieuse
» tyrannie. Si, au contraire, on reconnaît, avec
» l'histoire et la vraie philosophie, que la propriété
» dérive de la nature, et qu'elle est une condition
» de toute société, préexistante à des lois formulées
» ou à une convention, le propriétaire jouira en
» paix du fruit de ses sueurs, et la meilleure loi ci-
» vile sera celle qui le laissera le plus libre. »

On ne saurait, il nous semble, faire entendre des accents plus nobles et plus vrais.

Quoi qu'il en soit, s'il est constant que la propriété n'existe point en réalité sans le droit essentiel de la transmettre par donation entre-vifs ou testamentaire, comment refuser à l'homme ce droit de transmission, dans les conditions qui peuvent lui paraître les meilleures ? On investit l'ascendant d'une véritable magistrature pour qu'il puisse faire la *distribution* et le partage de ses biens ; à quoi bon poser des limites à son pouvoir, s'il observe, d'ailleurs, les règles protectrices de la réserve légale et de la quotité disponible ? — Il nous paraît donc conforme à l'essence même du droit de propriété que le père de famille puisse disposer de ses biens de manière à les distribuer suivant les convenances diverses de ses enfants.

Quelques publicistes ont prétendu, il est vrai, qu'il n'y a de propriété que dans la possession qui prend fin avec la vie, et l'on a voulu réduire le droit de propriété à une sorte de jouissance viagère. Parmi eux figure Mirabeau, qui, dans son discours posthume sur l'égalité des partages, s'exprimait en ces termes :

« Il me semble qu'il n'y a pas moins de différence
» entre le droit qu'a tout homme de disposer de sa
» fortune pendant sa vie et celui d'en disposer après

» sa mort, qu'il n'y en a entre la vie et la mort
» même. Cet abîme ouvert par la nature sous les
» pas de l'homme engloutit également ses droits
» avec lui; de manière qu'à cet égard, être mort ou
» n'avoir jamais vécu, c'est la même chose.

» Quand la mort vient à nous frapper de destruc-
» tion, comment les rapports attachés à notre exis-
» tence pourraient-ils encore nous survivre? Le
» supposer, c'est une illusion véritable, c'est trans-
» mettre au néant les qualités de l'être réel. »

On raconte que la lecture de ce discours faite par
l'évêque d'Autun à l'Assemblée nationale fut écou-
tée avec un sentiment mêlé de douleur et d'admi-
ration.

Osons dire, nous, au moins des lignes qui précèdent, qu'elles laissent dans l'âme une profonde tris-
tesse. — Le matérialisme s'affirma-t-il jamais avec
plus d'éclat ?

De telles paroles sont bien le digne prélude de
celles-ci : « Enveloppez-moi de parfums et couron-
» nez-moi de fleurs pour entrer dans le sommeil
» éternel. »

Il n'y avait, pour le grand orateur, que le néant
après la mort !.... Comment aurait-il pu croire au
droit de propriété s'exerçant au-delà du terme de
l'existence ?

Le système des publicistes de l'école de Mirabeau

est faux de tous points. Il porte atteinte aux principes les plus sacrés; il contient en germe la destruction de la société. Comment le droit de propriété pourrait-il être restreint à la simple possession de la chose possédée? Ces mots *possession* et *propriété* seraient-ils donc synonymes ? Ne diffèrent-ils pas, au contraire, à ce point que tel possesseur d'un objet n'en a pas la propriété, et que tel propriétaire n'a pas la possession d'un objet qui lui appartient ?

Les inspirations du cœur humain nous disent que l'homme éprouve un sentiment de légitime satisfaction à la seule pensée de laisser aux siens un nom sur lequel il jeta quelque lustre peut-être. Or, songez au déchirement qu'il devrait éprouver, sous le coup d'une législation qui lui dirait : Le patrimoine que tu as honorablement acquis ne passera point à ta descendance. Le travail, — cette loi imposée de Dieu même à l'humanité, dès l'origine des temps, et dont un empereur romain rappelait la nécessité par ce mot justement recueilli dans l'histoire, *laboremus*,— le travail resterait sans stimulant et sans attrait; il serait le plus souvent incomplet, et toujours peu productif pour la famille et pour la société, si l'homme, en remplissant les devoirs de sa tâche quotidienne, ne se sentait heureux et soutenu par la certitude du droit incontesté de ses descendants sur le produit de son labeur et de ses épargnes (1). — Oui, le droit de propriété s'étend à la transmission des biens. Le jour où cette transmission ne serait pas garantie par la loi, il n'y aurait ni confiance dans l'avenir, ni sécurité dans le présent, et la civilisation, qui se croirait sans doute fort avancée, serait en pleine décadence et toucherait à la barbarie.

La disposition gratuite de ses biens, même en vue du temps où il n'existera plus, constitue, pour tout possesseur d'un coin de terre, une des prérogatives les plus importantes qui puissent se rattacher à la propriété. — Que la loi civile y apporte des restrictions, quant à la quotité de biens dont il est permis de disposer à titre gratuit, rien de plus sage, à notre avis ; et nous dirions volontiers avec quelques docteurs, au sujet de la réserve légale, *non scripta, sed nata lex.* — Que la loi civile établisse encore avec soin le mode de distribution gratuite des biens, toutes ces dispositions se comprennent à merveille ; elles sont parfaitement ordonnées. — Mais la portion indisponible demeurant intacte, et les formes

---

(1) Voyez sur le Droit de transmission de la propriété, M. Thiers, *de la propriété*, chap. VII, VIII, IX et X où il démontre que la propriété n'est complète que si elle est transmissible par don ou hérédité ; — que le don est une des manières d'user de la propriété ; — que du don résulte pour le père la faculté de donner à ses enfants, *pendant sa vie* ou *à sa mort* ; — que la faculté de transmettre la propriété du père au fils complète le système de la propriété.

prescrites par la loi étant observées, il serait essentiellement contraire, croyons-nous, au droit de propriété et à la justice, qu'un ascendant ne pût pas
distribuer ses biens suivant le mode qui lui paraîtrait
le plus avantageux et pour lui-même et pour ses
descendants.

En second lieu, le grand principe de la liberté des
conventions conduit à ce résultat, que le législateur
se montrerait fidèle aux saines inspirations du droit,
dans ce qu'elles ont de plus sage et de plus élevé
en accordant à l'auteur d'un partage anticipé la
faculté bien naturelle que nous revendiquons pour
lui.

De toutes les libertés, la plus importante, la plus
précieuse sans doute, c'est la liberté civile. Or,
une de ses applications élémentaires n'est-elle pas
de reconnaîre à tout père de famille le droit, qui lui
est refusé sous notre Code Napoléon, de distribuer
son patrimoine selon le mode le plus opportun? Le
père de famille agira en tenant compte de la situation et des besoins de chacun de ses enfants, et s'il
pouvait lui venir à la pensée de se montrer partial
envers quelques uns, au détriment des autres, la
double action autorisée par l'article 1079 du Code
Napoléon le ramènerait aux règles salutaires dont il
n'aurait pas dû s'écarter.

Qu'y a-t-il à craindre de la part d'un père qui

dispose de ses biens, usant d'un droit d'autant plus respectable, qu'à de rares exceptions près, il l'exercera dans l'intérêt de tous ses enfants? — Un fils préféré pourrait-il être gratifié outre-mesure? Nous venons d'indiquer le remède au mal. De grâce, ne dépassons pas le but du législateur, l'intégralité de la réserve, et laissons au père de famille la faculté de mettre dans le lot des simples réservataires la nature de biens qu'il jugera convenable, suivant la situation porticulière de chacun d'eux.

En troisième lieu, la justice distributive la plus rigoureuse ne saurait être blessée, aujourd'hui, de ce qu'un ou plusieurs enfants seraient apportionnés en immeubles, tandis que les autres le seraient en valeurs mobilières, industrielles ou autres.

La propriété immobilière a perdu la prépondérance qu'elle avait autrefois sur la propriété mobilière. Ses conditions d'existence sont entièrement changées. Nous ne connaissons plus de terres affranchies, par la plus flagrante iniquité, du paiement de l'impôt; il n'y en a pas davantage auxquelles soient attachés, par une législation abusive, des droits féodaux ou seigneuriaux, utiles ou honorifiques. Les fameux décrets de la Constituante ont irrévocablement détruit tous ces priviléges surannés. — Certains droits, tels que l'éligibilité ou l'électorat politiques ou municipaux, ne dépendent plus de la possession d'un domaine immobilier de telle ou telle valeur. — En un mot, il ne reste aucun droit spécial à la propriété foncière. — A ces divers points de vue, il ne peut donc y avoir aucune inégalité réelle dans les attributions de diverse nature faites aux divers co-héritiers. Et si l'on envisage la question par son côté le plus positif, nous voulons dire le rendement de chaque espèce de biens, il faut reconnaître que les valeurs mobilières, actions, obligations, ou même placements hypothécaires, sont infiniment plus fructueuses que les valeurs immobilières dont les revenus tendent à diminuer tous les jours.

Ici, nous pourrions ajouter plusieurs arguments empruntés au droit positif, et qui seraient de nature encore à démontrer le mérite de notre thèse. Il serait même convenable de leur donner place en cet endroit ; mais nous tomberions dans des répétitions inutiles ; ces arguments sont développés dans les premières pages de notre travail où le lecteur pourra les trouver, s'il juge convenable d'y revenir.

Que si, du côté juridique de la question on passe aux considérations économiques qui nous semblent la dominer, on conclut avec non moins d'assurance en faveur de l'ascendant, dans le sens du droit de distribution de ses biens meubles et immeubles.

En suivant cet ordre d'idées, on peut se demander tout d'abord si notre loi *des successions et des partages*, de 1804, mérite toutes les critiques dont elle a été l'objet. Nous ne le croyons guère ; et toutefois, il faut bien avouer qu'elle se ressent quelque peu de ses origines, et qu'elle a peut-être des tendances trop accentuées vers le système d'égalité absolue qui la précédait.

En remontant à dix ans plus haut dans notre orageux passé, on trouve cette législation révolutionnaire dictée par une pensée de nivellement absolu. Rappelons-en les principales dispositions :

Le 5 mars 1793, la Convention nationale désirant, disait-elle, établir entre tous les hommes, et principalement entre les enfants d'une même famille, les principes de la sainte égalité, chargeait son comité de lui faire, *dans les trois jours*, un rapport sur le partage des successions.

Le délai fixé était pris au sérieux, et les dispositions législatives les plus étranges ne coûtaient ni études, ni réflexions. Les 7-11 mars , sans débats pour ainsi dire, l'Assemblée révolutionnaire décrétait que la faculté de disposer de ses biens, soit à cause de mort, soit entre-vifs, soit par donation contractuelle en ligne directe était abolie ; et qu'en conséquence, tous les descendants auraient un droit égal sur les biens de leurs ascendants.

Mais la Convention ne s'arrêtait pas en si beau chemin.

Les 12-14 brumaire an II, non-seulement elle admettait les enfants nés hors mariage aux successions de leurs père et mère, ce qui dans une proportion restreinte eût été justice ; mais elle déclarait en même temps, — on a de la peine à le croire, — *que leurs droits étaient les mêmes que ceux des enfants légitimes.*

Le mariage et la famille ne furent jamais plus audacieusement outragés. Et le législatateur de cette inconcevable époque où s'amoncelèrent tant de ruines à côté de tant de créations ; — ce législateur croyait faire du patriotisme et de la philanthropie. Quel patriotisme, et quelle philanthropie, grand Dieu !........ à quels égarements l'esprit humain peut-il donc, d'excès en excès, se laisser entraîner !........

Ce n'est pas tout : les 17-21 nivôse de la même année la Convention frappait de nullité les donations entre-vifs faites depuis et compris le 14 juillet 1789, et les institutions contractuelles et toutes les dispositions à cause de mort, dont le donataire était encore vivant, ou n'était décédé que depuis cette dernière époque, quand même elles auraient été faites antérieurement.

Ainsi se trouvait méconnu le grand principe

de la non rétroactivité des lois ; ainsi se trouvaient violés des droits souverainement acquis ; ainsi l'on foulait aux pieds des conventions sacrées faites en contrat de mariage, et sous la foi desquelles deux familles et deux époux s'étaient solennellement unis.

Cette législation, dans un but politique, voulait réagir contre la grande propriété territoriale et ruiner les familles aristocratiques.

De meme, lorsque le Parlement anglais voulut détruire, en 1703, l'influence des catholiques irlandais, il rendit une loi, la sixième de la deuxième année du règne de la reine Anne, portant que *tout héritage dont un papiste serait en possession devrait être attribué à tous ses fils par portions égales, et ne passerait point à l'aîné d'entre-eux, à moins que ce fils aîné ne fût protestant.* (Voyez Leplay, *Réforme sociale en France*, t. I, p. 234; et *Works of* the R. Edmund Burke, vol. IV, p. 71.)

Hélas! *nihil sub sole novum.* L'homme n'échappe guère aux lois de sa nature, et les procédés révolutionnaires ne sont le plus souvent qu'un triste plagiat.

Mais le législateur de nos temps de délire, aveuglé par la passion qui le dominait, ne vit pas que le niveau de l'égalité qu'il allait établir ne fractionnerait pas moins la petite propriété que la grande. Un domaine exigu devait tomber sous le coup du morcellement légal aussi bien que les vastes exploitations comptant par milliers ou par centaines d'hectares.

Plus tard, la loi du 4 germinal an VIII, et le Code Napoléon, en 1803 et 1804, revenant à des idées plus sages et plus vraies, fixèrent une réserve légale et une quotité disponible variables selon le nombre des enfants. La première de ces lois disposa que toutes les libéralités qui seraient faites, soit par actes entre-vifs, soit par actes de dernière volonté, dans les formes voulues, seraient valables, lorsqu'elles n'excèderaient pas le quart des biens du disposant, s'il laissait, à son décès, moins de quatre enfants ; le cinquième, s'il laissait quatre enfants ; le sixième, s'il en laissait cinq ; et ainsi de suite, en comptant toujours, pour déterminer la portion disponible, le nombre des enfants, plus un. — On sait que, sous le Code Napoléon, les libéralités soit par acte entre-vifs, soit par testament, ne peuvent excéder la moitié des biens du disposant, s'il ne laisse à son décès qu'un enfant légitime ; le tiers, s'il laisse deux enfants ; le quart, s'il en laisse trois ou un plus grand nombre.

La quotité disponible, celle même du Code Nap., fut-elle établie dans toute l'étendue convenable ? Laissa-t-elle suffisamment au père le droit de récompenser les enfants laborieux et soumis, et de punir les enfants paresseux et indisciplinés ?

Disons à ce sujet que l'enquête agricole a définitivement écarté la question relative à la liberté générale et absolue du droit de tester qui n'a trouvé aucun appui dans le sein de la Commission supérieure. La demande d'augmentation de la quotité disponible y a été soutenue par quelques membres; mais la grande majorité s'est prononcée pour le maintien, en cette partie, des règles posées par le Code Napoléon.

Quoiqu'il en soit, et sans toucher à ce difficile problême, revendiquons avec confiance, pour tout ascendant, le droit de *distribution* de son patrimoine, suivant le mode le plus convenable aux intérêts sagement appréciés de sa descendance.

Il est bien entendu que nous ne proposons rien qui puisse ressembler au *droit d'aînesse*, sous quelque forme qu'il puisse se produire ou se dissimuler. Il est entendu de même que nous ne nous posons pas en défenseur de cette liberté testamentaire illimitée, qui laisserait à chaque propriétaire le pouvoir de transmettre à l'un de ses enfants la totalité de son patrimoine, pour jeter les autres dans l'îlotisme ou la misère.

La liberté absolue du droit de tester serait, — ni plus ni moins, après 2,600 ans environ,— un retour à la loi des Douze Tables. Singulier progrès depuis tant de siècles !... On sait, en effet, que cette loi permettait au citoyen romain de disposer par testament de son entier patrimoine et de préférer, de la sorte, un étranger à ses propres enfants.

Mais les pères avaient alors droit de vie et de mort sur leurs enfants, ce qui fait comprendre le pouvoir de les exclure de leur succession. Où serait la raison de ce pouvoir exorbitant aujourd'hui ?

Bientôt les rigueurs de la loi romaine furent tempérées, et quand le père, sans motifs, prononça l'exhérédation de ses enfants, on leur permit d'attaquer la disposition par la *plainte d'inofficiosité*.

Plus tard, les inspirations du droit naturel prévalurent, et l'on réserva aux enfants une portion du patrimoine paternel, laquelle fut déclarée indisponible et déférée par la loi. L'auteur de cette innovation est resté inconnu. Cujas, dans ses *Observations*, liv. III, chap. 7, l'attribue à Marc-Aurèle, se fondant sur un passage de l'*Histoire ecclésiastique* de Nicéphore. Mais il se rétracte dans ses notes sur les *Sentences de Paul.* Il est constant, en effet, qu'une sorte de légitime ou de réserve existait à Rome avant Marc-Aurèle. (Voy. Merlin, *Rép. v° Legitime*, sect. I.)

Revenons à notre sujet, en exprimant encore une fois le vœu que le père de famille soit investi, parmi nous, du droit de distribution de ses biens dans le sens le plus large et le plus conforme aux véritables intérêts de ses enfants.

Aussi bien, les inconvénients économiques du morcellement excessif des immeubles paraissent certains.

L'ascendant avait laborieusement constitué son domaine immobilier; des champs, des prairies, des pâturages ou des bois lui manquaient; il les avait achetés, à haut prix, du produit de son travail ou de son industrie. Ses immeubles forment maintenant un corps de domaine d'une exploitation fructueuse et bien assortie, et vous voulez fractionner tout cela, — en quatre lots, d'abord, pour l'attribution d'un préciput, — en cinq ou six lots, ensuite, pour former les parts des réservataires! Convenez-en, c'est la ruine de la propriété, d'un côté; c'est la désolation, de l'autre, que vous portez dans l'âme d'un père dont la raison reste rebelle à l'inexorable logique de vos procédés.

Ou bien, un petit domaine était resté depuis des siècles dans une famille patriarcale d'honnêtes cultivateurs. L'ordre, l'économie, le travail avaient maintenu, de génération en génération, cette exploitation agricole dans les mains de celui des descendants successifs qui fut jugé le plus apte à la diriger. N'importe! cette situation avantageuse pour toute la famille ne saurait être respectée. Esclaves des prétendues prescriptions de la loi des partages, vous voulez procéder, comme tout-à-l'heure, à des opérations de fractionnement sans fin. Ne vous y trompez pas, *la trop grande subdivision des héritages modiques met nécessairement un terme à leur existence.....* C'est le premier Consul qui parle avec toute l'autorité de sa haute raison et de son étonnant génie ; et tous les orateurs abondent dans le même sens.

Sous l'influence de vos règles trop rigoureusement appliquées, une pensée de fraude contre la loi pourra venir à l'esprit du père de famille. Des actes simulés lui seront conseillés ; — l'équité, la justice ne sauraient, suivant lui, les réprouver ; — il les emploiera. Vous aurez abouti, de la sorte, à cette conséquence fatale, que le sens moral d'un honnête homme aura pu s'oblitérer, et qu'un procès ruineux sera préparé pour l'époque à laquelle le vieillard descendra dans la tombe.

Restons, si l'on veut, dans un ordre d'idées plus positives. — Divisez, fractionnez les exploitations rurales, et vous rendrez les petits chemins plus nombreux, plus difficiles à établir, plus dispendieux à conserver. La liberté des héritages devient un mot vide de sens ; vous créez une foule de servitudes dont l'exercice se traduira souvent en longues et coûteuses contestations devant les tribunaux. Les procès de ce genre ne peuvent guère être jugés sans une expertise préalable ou une vérification des lieux, et l'on sait les lenteurs et les frais de ces mesures d'instruction !

Consultez les hommes des champs, les cultivateurs intelligents; ils vous diront que, sur des terrains divisés à l'excès et réduits à de très petites contenances, l'emploi des nouveaux moyens de culture devient impossible; que les haies, les fossés, les murs de clôture, les voies de communication occupent l'espace et diminuent le produit du sol.

Les agriculteurs expérimentés vous diront encore que la division excessive de la propriété foncière ferait disparaître, en France, les races si précieuses de haut bétail qui ne peuvent être élevées et nourries que sur des pâturages d'une certaine étendue.

Le fractionnement exagéré des terres a d'autres conséquences non moins regrettables. Il amène des ventes plus fréquentes, parce que, dans l'espoir souvent chimérique d'améliorer sa situation, le cultivateur se dépouille facilement d'une parcelle de terrain qui le laisse à peu près sans revenus. Les frais de mutation se multiplient; ceux de purge des hypothèques s'accroissent dans une mesure d'autant plus grande qu'ils n'ont rien de proportionnel et peuvent être aussi considérables pour un are de terrain que pour un immeuble important. — Supposez un prix de vente immobilière de deux ou trois cents francs, et il y en a de moindres. Il est certain que les frais de purge des hypothèques apparentes ou occultes pourront absorber ce prix, s'il y a seulement cinq ou six inscriptions sur l'immeuble vendu. Nous avons vu des cas dans lesquels les prix de vente n'y pouvaient pas suffire. Que serait-ce, s'il fallait, sur de telles ventes, procéder par voie d'ordre judiciaire dont les frais devraient être privilégiés? — De ce côté-là, il y aurait certainement quelque chose à faire dans l'intérêt de l'agriculture.

On objecte qu'elle ne serait pas encore jugée la question de savoir si la grande et la moyenne culture, avec leurs machines et leurs animaux, augmentent les produits du sol plus que ne le fait la petite avec les bras d'homme. — Nous ne saurions nous livrer ici à de longs détails sur ces matières; mais nous croyons, au contraire, le problème résolu, dans l'intérêt de l'alimentation publique, par l'usage tous les jours plus avantageux des nouveaux instruments d'agriculture qu'il est matériellement impossible d'employer sur des champs réduits à quelques mètres carrés de superficie.

On objecte encore que l'extrême division de la propriété immobilière offre des garanties de conservation pour la société, et peut obvier, dans une certaine mesure au moins, à l'inconvénient si grave de la dépopulation des campagnes. Il ne faut point se dissimuler que si cette double objection était fondée, elle devrait être prise en grande considération. Mais nous demandons qu'on veuille bien étudier les faits avant de se prononcer. Un domaine de quelques hectares sera divisé en quatre, cinq ou six lots, nous le voulons bien. Le bâtiment d'exploitation pourra-t-il subir le même fractionnement? Il est manifeste que non. Chaque propriétaire d'une parcelle de champ devra faire élever des constructions qui le plus souvent entraîneront sa ruine; — ou bien, il vendra sa portion de l'héritage paternel. — Dans un cas comme dans l'autre, que deviennent ces prétendues garanties de conservation sociale? que devient le lien si puissant qui retenait le petit propriétaire dans le hameau de sa naissance?

Rappelons un autre exemple de faits que nous avons vu se produire encore. — Un immeuble situé à peu de distance d'un village ou d'un hameau a été divisé entre quatre, cinq, six co-partageants. Le lot le plus rapproché des habitations n'exige aucune dépense, en quelque sorte, pour le transport des récoltes et des engrais. Le lot qui s'en trouve le plus éloigné, nécessite, au contraire, des frais d'exploitation qui absorbent la majeure partie des revenus de l'immeuble. Il aura été tenu compte de ces différences dans la formation et l'estimation des lots..... peut-être point assez..... On dit proverbialement dans les campagnes : *La terre rapprochée est tou-*

jours à bon marché; la terre éloignée coûte toujours trop cher; et l'on a raison.

De la sorte, qu'arrive-t-il ? Le propriétaire du lot éloigné s'en dégoûte bien vite et le vend. Frais de partage, frais de vente, autant à prélever sur la valeur de l'immeuble. Que reste-t-il au petit propriétaire ? Evidemment, pas grand'chose. Les dépens d'une procédure de partage, les droits du fisc ou la perception du notaire ont presque tout emporté. — Dans ce cas encore, il n'est point rare de voir le cohéritier dépossédé de son lot déserter les champs et porter dans les grandes villes ses espérances de meilleure fortune.

On insiste en invoquant l'expérience des anciens, et l'on rappelle que le poète de Mantoue chantait, il y a près de deux mille ans, sur les rives harmonieuses du Mincio :

> . . . . . *Laudato ingentia rura,*
> *Exiguum colito.* . . . .
>
> (*Géorgiques*, liv. II, v. 412 et 413.) (1)

---

(1) La citation que je viens d'emprunter aux *Géorgiques* m'a été remise en mémoire par un remarquable travail de M. Vidal, Pasteur-Président à Bergerac, sur les causes du dépeuplement des campagnes et sur les moyens de remédier à ce mal. Ce travail, quoique inachevé, fut couronné le 2me, en 1848, par l'Académie de Nantes. Il n'a été publié que vingt ans plus tard. L'auteur fut mon premier maître ; je suis heureux de dire qu'il est resté mon excellent ami. Peu d'hommes lui sont supérieurs en lumières, en bonté, en modestie surtout. Quel noble cœur que celui de M. Vidal !.....

Après Virgile, Columelle disait, à propos de la maxime citée : *Præclaram nostri poetæ sententiam.,...* et il ajoutait : *Nec dubium quin minùs reddat laxus ager non rectè cultus, quàm angustus eximiè.* (Voyez Colum., I, 3, 8 ; — voyez, dans le même sens, Pline, XVIII, 6, 7.)

D'autres ont dit encore : *Fecundior est culta exiguitas, quàm magnitudo neglecta.*

Sur ces diverses citations, une triple remarque doit être faite :

En premier lieu, Virgile n'entendait parler que de la vigne, le texte des *Géorgiques* en fait foi ;

En second lieu, au siècle d'Auguste, nos instruments d'agriculture perfectionnée, n'étaient pas connus ;

En troisième lieu, il ne faudrait pas comparer *culta exiguitas* à *magnitudo neglecta*, mais à *magnitudo culta.*

On a dit, il est vrai, des *Latifundia* qu'ils perdirent autrefois l'Italie. Mais où sont aujourd'hui, en France du moins, les *Latifundia* ? — A côté de ces immenses terres presque toujours infertiles, nos plus grands domaines constitueraient, tout au plus, la moyenne culture.

D'après l'enquête agricole, la grande propriété, dans plusieurs de nos départements, comprendrait les domaines de plus de cent hectares ; — la moyenne, ceux de cent hectares à quinze; — la petite, ceux de quinze et au-dessous. Dans quelques autres départements, cinquante hectares et au-dessus formeraient la grande propriété ; — de cinquante hectares à dix, ce serait la moyenne ; — de dix et au-dessous, la petite.

Sur de telles bases, la division du sol ne saurait être un mal. Des domaines de quelques hectares peuvent encore constituer des propriétés immobilières d'une exploitation avantageuse. Mais quand un domaine d'une étendue restreinte est divisé, une première fois, en quatre lots, — puis, une deuxième, en un plus grand nombre, — le tout à de très grands frais, — on arrive, d'une part, à émietter la propriété immobilière, et, de l'autre, à ruiner les petits propriétaires.

Il ne faut pas oublier que notre cadastre contient un nombre considérable de parcelles ne dépassant pas vingt ares, et de cotes d'un franc ou au-dessous de revenu imposable, tandis que, dans l'enquête agricole, on a considéré comme regrettable, paraît-il, la division de la propriété en parcelles de moins d'un à deux hectares. — Il est bien évident que tout ceci doit être entendu et apprécié suivant la nature du sol et des lieux.

Fidèle jusqu'ici aux conditions du programme tracé par les questions de l'enquête, nous ne nous sommes occupé que de l'attribution possible de la totalité des immeubles de l'ascendant à l'un de ses descendants. Supposons, en passant, dans le patrimoine à partager, une grande industrie ou un commerce important. Si le chef de famille ne peut choisir celui ou ceux de ses enfants auxquels il reconnaît la capacité nécessaire pour continuer et faire prospérer l'entreprise, si la loi lui dénie une telle faculté, le jour n'est pas éloigné où l'on verra s'anéantir une œuvre à la conservation de laquelle la famille et la société pouvaient être intéressées. Au décès du père, une licitation fera passer l'établissement industriel ou commercial aux mains du plus incapable peut-être des enfants.

N'en doutons point, l'impossibilité où serait l'auteur d'un partage d'ascendant de distribuer ses biens de la manière la plus opportune, aurait des inconvévénients aussi graves pour les intérèts commerciaux que pour les intérêts agricoles. — Cela est si vrai, qu'en 1866 (voyez le *Moniteur* du 13 juin 1866), une pétition fut adressée au Sénat par 130 négociants de Paris qui, se plaignant de ne pouvoir soutenir la lutte industrielle avec divers peuples, et notamment avec l'Angleterre et les Etats-Unis, en donnaient pour cause la prohibition faite au père de famille de transmettre la continuation de son œuvre industrielle ou commerciale à celui de ses enfants qu'il

jugeait le plus apte à la faire prospérer. — Pour remédier à cette situation, les pétitionnaires ne crai-
gnaient pas de demander la liberté absolue du droit
de tester et l'abrogation des règles du Code Napoléon
qui établissent la réserve légale au profit des enfants.

M. le Premier Président Devienne, dans un de ces
rapports si riches en observations judicieuses et profondes dont il a le merveilleux secret, rendait pleine
justice aux intentions des négociants de Paris; mais
il démontrait péremptoirement le vice de leurs conclusions. — Puis, l'éminent magistrat faisait connaître en ces termes le véritable remède au mal :
« Sans aucun doute, disait-il, notre loi sur l'hérédité
» peut , comme toute autre , être perfectionnée.
» *Peut-être serait-il sage de laisser aux parents le*
» *droit de faire eux-mêmes le partage de leurs biens*
» *par attribution*, ce qui donnerait une satisfaction
» considérable aux intérêts que la pétition signale.
» *Quand la propriété immobilière donnait des droits*
» *spéciaux , il était d'une justice rigoureuse que*
» *chaque héritier en eût sa part; aujourd'hui, rien*
» *ne motive une telle disposition.* Bien d'autres mo-
» difications pourraient améliorer cette partie de la
» législation, et, par là, ne feraient que la consoli-
» der. Mais il ne faut pas songer à l'ébranler. Il ne
» faut pas toucher au principe; ces attaques impru-

» dentes ne pourraient avoir d'autre résultat que de
» faire resserrer autour de lui ses défenseurs. In-
» quiétés sur la sûreté du corps de la place, ils en
» maintiendraient opiniâtrement toutes les appro-
» ches. Les modifications désirables deviendraient
» impossibles, l'excès des prétentions ferait écarter
» ce qu'elles ont de légitime. » — Ici, comme toujours, le coup d'œil de M. le Premier Président
Devienne est pénétrant et sûr. D'un mot, il illumine
la matière de la plus vive clarté. *Peut-être serait-il
sage de laisser au père de famille le droit de faire le
partage de ses biens par attribution...............*

....

*Quand la propriété immobilière donnait des droits
spéciaux, il était d'une justice rigoureuse que
chaque héritiers en eût sa part ; aujourd'hui rien
ne motive une telle disposition...................,....*

. . ..

A côté des diverses considérations juridiques ou
économiques que nous avons indiquées, n'en est-il
pas dans l'ordre moral qui viennent appuyer notre
thèse et qui doivent éveiller les préoccupations et la
sollicitude du législateur ?

Dans nos sociétés modernes si agitées, si tour-
mentées, le dissolvant le plus actif, à notre avis,
c'est un besoin d'indépendance qui se transforme
facilement en esprit d'insubordination. Que de faits

autour de nous pourraient justifier cette assertion trop vraie! Il importe donc, croyons-nous, au point de vue de l'ordre public et de l'intérêt social, que l'autorité du père de famille soit respectée et maintenue toutes les fois qu'elle s'exerce dans les limites de la justice et de l'équité.

Il n'est pas permis d'en douter, un immense intérêt s'attache à tout ce qui peut maintenir cette autorité et étendre les limites de la magistrature sagement conférée aux ascendants par les articles 1075 et suivants du Code Napoléon. Où trouver, en effet, des garanties plus solides pour les droits les plus importants à sauvegarder ? La famille est la base de la société ; elle doit donc être le fondement de toutes les institutions sociales. — Or, fortifier le principe d'autorité dans la famille, en laissant au père la faculté de faire à ses enfants la part de biens meubles et immeubles qui leur convient le mieux, c'est un moyen, suivant nous, de consolider l'édifice social tout entier.

Il n'est malheureusement point rare, aujourd'hui, de voir les enfants, oublieux de tous leurs devoirs envers les auteurs de leurs jours, se livrer à des désordres qui sont les faits les plus affligeants peut-être de notre époque. De ces désordres résulte le relâchement, quand ce n'est pas la rupture, des liens de la famille et de la société. Dans une telle situation, n'est-il pas important, au suprême degré, de mettre à la disposition du père de famille tous les moyens d'influence morale et d'autorité légitime compatibles avec la magistrature dont il est investi ? — Les enfants ne feront de bons citoyens qu'après avoir été des fils respectueux et soumis.

Nous ne voulons pas nous préoccuper outre mesure des déclamations plus absurdes que dangereuses dont certaines réunions publiques nous offrent l'exemple. — Le bon sens des masses sait en faire justice, nous le croyons. — Il n'en est pas moins vrai qu'on voit se manifester publiquement, à haute voix, sur ce qu'on appelle *la liberté* des enfants et sur bien d'autres points, des tendances qu'il importe de ne pas négliger. — De là viendrait le plus grand obstacle à l'heureuse alliance de l'ordre et de la liberté dans notre pays.

La puissance paternelle est la plus ancienne et la plus sacrée qui puisse se rencontrer parmi les hommes. Tâchons de ne pas l'oublier, et maintenons-la telle, au moins, que la loi moderne a cru devoir la régler.

Le législateur du Code Napoléon, dans son article 371, a tracé, comme la première et la plus importante de ses dispositions sur la matière, ce principe religieux et philosophique emprunté au Décalogue, que *l'enfant, à tout âge, doit honneur*

et respect à ses père et mère. — Heureux ceux pour
lesquels cette prescription souveraine satisfait à la
fois et l'esprit et le cœur ! Heureux ceux qui peuvent longtemps remplir ce devoir sacré de l'honneur
et du respect envers les auteurs de leurs jours ! —
Nous sommes loin, sans doute, de ces règles du
droit romain que résumait Justinien en disant :
*Nulli alii sunt qui talem in liberos habeant potesta-
tem qualem nos habemus.* (Voy. Inst., *De pat. pot.*,
§ 2.) Mais, sous l'influence de notre civilisation, il
n'était pas possible de laisser au père de famille un
pouvoir presque toujours oppressif et souvent bar-
bare.

Imposer à la vie toute entière de l'homme la grande
obligation naturelle de l'article 371 était bien la
règle à tracer dans notre législation inspirée tout à
la fois par la science antique et par le spiritualisme
chrétien. Dépasserions-nous la portée de cette sage
prescription en demandant honneur et respect pour
la mémoire d'un père et d'une mère ? — Nous ne
saurions le penser.

Eh bien ! quand le chef de famille, exerçant une
magistrature respectable entre toutes, aura dit : A
l'un de mes enfants j'attribue des immeubles qu'il
est apte à cultiver ; à l'autre j'attribue des valeurs
mobilières ou un établissement industriel qu'il saura
faire prospérer, nous demandons si le respect en-

vers la mémoire de ce chef de famille ne commande pas le maintien d'une disposition mûrement réfléchie et volontairement acceptée ?

Les articles 826 et 832 du Code Napoléon devraient donc, suivant nous, rester sans application forcée dans tous les cas de partage d'ascendant, par acte entre-vifs ou par acte testamentaire.

Ce n'est pas tout. — Les textes que nous venons de citer devraient être, à notre avis, modifiés à un autre point de vue. — Expliquons-nous : la matière des partages d'ascendants n'est pas la seule où nous voudrions éviter des morcellements exagérés dans la division des héritages.

Les partages d'après décès offrent souvent l'exemple de fonds morcelés et d'exploitations divisées à grands frais, malgré la première disposition de l'article 832, qu'il est quelquefois difficile de concilier avec la seconde.

La licitation ne nous parait pas obvier suffisamment à de tels inconvénients. Nous la croirions souvent remplacée avec avantage par la faculté laissée au juge de procéder au partage des biens, dans tous les cas où l'intérêt des parties pourrait l'exiger, autrement que par voie de formation de lots et de tirage au sort. Ainsi, le partage par voie d'attribution, selon le plus grand avantage de tous les co-partageants, nous paraîtrait devoir être admis avec pouvoir souverain d'appréciation pour le juge.

On décide unanimement aujourd'hui (et, il faut bien le reconnaître, cela est conforme à la loi qui nous régit) que la règle du tirage au sort des lots ne peut recevoir aucune exception, même au cas où les co-partageants auraient des droits inégaux sur la chose indivise. On ne veut reconnaître ni aux juges, ni aux experts, le droit de faire eux-mêmes l'attribution aux parties de lots proportionnels à la part qui leur revient. — On le décide ainsi, même dans le cas où l'un des héritiers aurait élevé des constructions sur un immeuble de la succession, et l'on n'admet pas qu'à raison de cette circonstance, l'immeuble sur lequel aurait été bâti l'édifice puisse être attribué au constructeur sans tirage au sort.

Dans toutes ces hypothèses, nous voudrions l'admission du partage par voie d'attribution, ou plutôt, nous voudrions ce mode de partage, comme nous l'avons déjà dit, dans toutes les circonstances où l'intérêt des parties le commanderait aux tribunaux, et là même où il y aurait des mineurs, des interdits ou des absents parmi les co-intéressés.

On objecte que le tirage au sort des lots est la plus sûre garantie d'une parfaite égalité dans les partages, et que lorsque parmi les héritiers il y a des incapables ou des absents, l'opération du tirage au sort est indispensable pour la conservation de leurs droits. — Nous croyons, au contraire, que si le tirage au sort des lots peut offrir des avantages plus ou moins réels, lorsque la division a lieu par portions égales entre les co-héritiers, il ne saurait en être de même dans tous les cas où, ceux-ci ayant des droits inégaux, il faut deux ou plusieurs partages successifs pour le réglement définitif de l'hérédité. Cette procédure embarrassée nuit à la facilité des opérations, en même temps que la valeur des parts divisées en est amoindrie, et que des frais toujours considérables sont exposés pour des successions souvent exiguës.

Au surplus, il ne faudrait pas s'y tromper, l'égalité absolue résultant du tirage au sort se trouve, en apparence, dans les mots, bien plus qu'elle n'existe, en réalité, dans les choses. Voudrait-on croire à l'infaillibilité des experts chargés de procéder à l'estimation et à la formation des lots ? La pratique des affaires démontre, au contraire, que des erreurs grossières se sont fréquemment rencontrées dans leurs opérations. L'expérience nous apprend encore que des soultes en argent souvent importantes sont nécessaires pour établir l'équilibre entre les divers lots formés sur une masse successorale. Or, une soulte en argent pour des lots immobiliers ne constitue certainement pas cette égalité idéale qu'on prétend obtenir dans la *qualité*, aussi bien que dans la *quantité* des biens à partager.

L'utilité du partage par attribution a été depuis longtemps sentie. Au cours de la discussion de la loi du 2 juin 1841 sur les ventes judiciaires de biens immeubles, M. Maurat-Balange avait présenté, dans le sens du partage par voie d'attribution, un amendement conçu en ces termes : « Si les droits des » co-partageants sont inégaux, le tribunal pourra, » après avoir pris l'avis du conseil de famille, s'il y » a parmi eux des mineurs ou des interdits, ordon- » ner par voie d'attribution le prélèvement des » droits inégaux ; mais il fera tirer au sort tous les » lots qui en seront susceptibles. »

Cet amendement, dont les avantages furent généralement reconnus, ne s'appliquait, on le voit, qu'en cas d'inégalité des droits des co-partageants et de prélèvement des parts inégales ; il restait d'ailleurs fidèle au principe du tirage au sort des lots. Néanmoins, la disposition proposée ne fut point admise, par ce motif qu'étant modificative des règles du Code Napoléon, elle ne devait point trouver place dans une loi de simple procédure.

Faudrait-il emprunter à cet amendement l'avis préalable du conseil de famille, toutes les fois qu'il y aurait des mineurs ou des interdits intéressés dans la contestation ? — Nous ne le pensons pas. — L'avis du conseil de famille pourrait être officieusement donné; mais nous ne voudrions pas en faire une condition *sine quâ non* du partage par attribution. L'opinion des experts et l'appréciation du tribunal nous paraissent offrir des garanties suffisantes pour l'adoption d'une mesure qui simplifie les opérations du partage et diminue les frais de la procédure, en même temps qu'elle sauvegarde les droits de toutes les parties.

La première modification est donc l'objet de notre approbation sans réserve. — Nous proposons même d'y ajouter, comme on le voit, la faculté pour les tribunaux de procéder au partage, par voie d'attribution, toutes les fois que dans leur appréciation souveraine ce mode leur paraîtra plus avantageux que le partage par voie de tirage au sort des lots.

Le lecteur voudra bien nous pardonner d'avoir manqué de méthode en plaçant, au milieu de diverses modifications à la loi des partages anticipés, une modification à la loi des partages de succession. — Une raison d'analogie manifeste, et par conséquent inutile a déduire, sera notre excuse. On demande l'application des articles 826 et 832 à la matière des partage d'ascendants ; nous demandons, nous, la modification de ces textes, même en matière de partage ordinaire de succession.

Il est à remarquer d'ailleurs, que le rapport de M. de Forcade signale les inconvénients des dispositions du Code Napoléon, articles 826 et 832, non pas seulement en matière de partages d'ascendants, mais aussi dans les partages de succession. — « L'opinion publique, dit-il, s'est souvent préoc- « cupée des difficultés que soulèvent, *dans les par-* « *tages en général*, et en particulier dans les par- « tages d'ascendants, les dispositions des articles « 826 et 832 du C. Nap. » — Nous voilà donc autorisé doublement à mêler aux diverses modifications de la loi des partages anticipés, une modification à la loi des partages ordinaires d'après décès.

Deuxième Modification.

La deuxième modification proposée consisterait en ceci que l'estimation des biens donnés par un partage d'ascendant entre-vifs devrait être faite, dans les deux cas de l'article 1079, suivant leur valeur au temps du partage.

Nous avons vu dans notre deuxième étude, que cette estimation devait avoir lieu, au contraire, suivant la valeur des biens au temps du décès du donateur, et d'après leur état au moment de la donation-partage. La jurisprudence de la Cour de cassation est parfaitement fixée dans ce dernier sens qui nous a paru conforme aux principes de la législation actuelle.

Or, disent les partisans de l'opinion contraire, que cette jurisprudence soit changée, ou que le législateur intervienne; et quand l'estimation des immeubles donnés sera faite suivant leur valeur au temps du partage, la faveur attachée autrefois aux partages d'ascendants leur sera rendue, et ces actes à peu près tombés en désuétude aujourd'hui, seront plus que jamais pratiqués. Là-dessus, on énumère, avec quelque exagération peut-être, tous les avantages des partages d'ascendants; on fait ressortir toute leur utilité pour la paix des familles et pour le plus grand bien de l'agriculture. On ne manque pas d'ajouter que l'estimation au temps du décès consacre une évidente injustice, puisqu'elle peut entraîner la ruine du possesseur des immeubles qui, depuis la date du partage, les a peut-être améliorés à grands frais.

Ici, nous sommes forcé de le dire, le désaccord est complet entre de telles appréciations et notre manière de voir.

Et d'abord, qu'on ne nous parle pas de l'iniquité prétendue d'une estimation au décès, quand cette estimation ne peut légalement avoir lieu que d'après l'état des biens donnés au moment du partage (article 922 C. Nap.) C'est une circonstance qu'on oublie, et qui protége les droits du possesseur des immeubles.

En second lieu, nous nous demandons quel résultat appréciable peut avoir une estimation de biens à l'époque du partage, au point de vue de la faveur, ou du discrédit des partages d'ascendants.

Prenons un exemple pour éclairer la situation et faire comprendre notre pensée : un partage d'ascendant par acte entre-vifs a été fait en 1840 ; le père de famille auteur de ce partage est mort en 1865. — En 1869, procès sur ce pacte de famille en rescision pour cause de lésion, ou en réduction pour complément de la réserve légale. — On estimera les biens donnés suivant leur valeur au temps du partage, c'est-à-dire en 1840, — ou suivant leur valeur au temps du décès, en 1865, *mais d'après leur état à l'époque du partage*, ce qui nous ramène en 1840. — La deuxième estimation avec ses deux termes sauvegardera les droits de toutes les parties intéressées, aussi bien que la première, puisque les améliorations du co-héritier, possesseur des immeubles, lui seront dans les deux cas précomptées ; et ce n'est pas, il nous semble, l'un ou l'autre mode d'opérer qui réhabilitera les partages d'ascendants. Qui ne voit, en effet, que la seule différence dans les résultats est celle-ci : Avec le deuxième mode d'estimation, l'augmentation ou la diminution de valeur des immeubles par le laps de temps, s'il en existe indépendamment de toute amélioration ou de toute détérioration, profitera ou préjudiciera à tous les enfants, au lieu de profiter ou de préjudicier à un seul, ce qui nous semble parfaitement équitable et juridique.

Ainsi, la défaveur qui s'attache, de nos jours, aux partages d'ascendants, ne saurait tenir au mode d'estimation dont on se préoccupe outre mesure, à notre avis. — Cherchons donc ailleurs la véritable cause du discrédit de ces actes. — Elle est toute entière, croyons-nous, dans ce grave inconvénient, que 25, 30, 40 ans, après sa date, un partage d'ascendants entre-vifs peut être utilement attaqué devant les tribunaux. Notre exemple de tout-à-l'heure en fournit la preuve.

Au lieu de supposer le partage fait en 1840, faites le remonter à 10 ans, 20 ans plus haut, sans changer la date du décès de l'ascendant, et voyez à quelles conséquences désastreuses vous pouvez arriver. Après plus de cinquante années, une action de rescision ou de réduction pourra être portée en justice, et la propriété des immeubles partagés aura été incertaine jusque là. — Qu'on ne croie pas à de vaines hypothèses ; nos recueils d'arrêts prouvent trop bien que de telles suppositions tombent fréquemment dans le domaine du fait. — Eh bien, l'incertitude du droit de propriété pendant d'aussi longues années, pendant un demi-siècle ou au delà peut-être, aussi peu qu'une minorité s'y ajoute et suspende la prescription, voilà le motif sérieux, réel, indéniable, pour lequel on n'ose guère ni conseiller, ni pratiquer aujourd'hui le partage d'ascendants entre-vifs.

Quel serait donc le remède au mal signalé, puisqu'il ne saurait exister dans l'adoption du mode d'estimation à l'une ou à l'autre des deux époques contestées ?

Ce remède, il existerait, à notre avis, dans un système radical que la jurisprudence nous paraît proscrire, à bon droit, sous la législation actuelle, mais que nous proposerions de consacrer par une mesure législative. — Le lecteur nous devance peut-être ; il faudrait revenir, par un texte de loi, à la jurisprudence de 1845 (voyez arrêt de cass. du 24 décembre 1845) et déclarer législativement, cette fois, que les biens compris dans un partage d'ascendant entre-vifs sont irrévocablement sortis du patrimoine de l'ascendant ; que la propriété en demeure à jamais fixée sur la tête des donataires, et qu'au décès de l'ascendant il n'y a dans sa succession que les biens par lui possédés à cette dernière époque.

De la sorte, plus d'incertitude, plus d'instabilité, pendant de très longues années, dans le droit de propriété des donataires sur les immeubles donnés. Ces biens appartiendraient irrévocablement aux enfants gratifiés par la donation-partage, sauf les deux actions de l'art. 1079 Cod. Nap. auxquelles il y aurait lieu, non pas dans les dix ans du décès de l'ascendant donateur. mais dans les dix ans à partir de l'acte de partage entre vifs.

Il est bon d'observer que notre système serait en concordance parfaite avec les dispositions de l'article 1076, d'après lequel si tous les biens que l'ascendant laissera au jour de son décès n'ont pas été compris dans le partage anticipé, ceux de ses biens qui n'y auront pos été compris devront être partagés conformément à la loi. — Toute action de rescision ou de réduction étant écartée après le délai de la prescription, à partir de l'acte même de donation-partage, il n'y aurait qu'à procéder, au décès de l'ascendant, en conformité du texte précité. — Cet article 1077 pouvait offrir, ce nous semble, un argument trop négligé peut-être dans le sens de la jurisprudence de 1845.

Quelles objections serait-il possible de faire contre un tel système ?

On dirait vraisemblablement que le partage d'ascendants entre-vifs constitue, avant tout, une donation de biens présents ; qu'il doit conséquemment être soumis aux règles de la réunion fictive organisée par l'article 922. C. Nap.

On remarquerait, en second lieu, que la loi ne reconnaît point, pour un même individu, deux patrimoines distincts, deux successions l'une indépendante de l'autre.

On ajouterait que jusqu'à la mort de l'ascendant donateur, ses enfants ou ses descendants qui ne sont pas encore héritiers, ne sauraient être admis à se prévaloir, ni du principe de l'égalité dans les partages, ni des règles qui déterminent la réserve légale et la quotité disponible.

Nous répondrons sans détour à ces diverses objections qu'elles nous paraissent fondées sous l'empire du Code Napoléon tel que nous le possédons. On peut se rappeler, en effet, ce que nous en avons dit antérieurement. Mais il importe de ne pas oublier qu'il ne s'agit point ici de discuter sur la portée des divers textes qui prescrivent la réunion fictive ; — qui sont exclusifs, en l'état de l'idée de deux patrimoines, ou de deux successions, pour un seul ascendant; — qui posent les limites de la réserve et du disponible au décès de cet ascendant. En d'autres termes, nous n'avons pas à interpréter, ou à commenter la loi actuelle; il s'agit, au contraire, de la modifier et d'en établir une nouvelle qui ne violerait aucun principe d'ordre public ou d'intérêt général, et qui trouverait sa raison d'être dans les motifs développés plus haut et fondés sur l'importance capitale qu'il y a pour tous, à ce que la propriété soit bientôt assise et fixée sur la tête des donataires co-partagés.

On objecterait encore que, du vivant du donateur, la donation-partage forme l'unique titre de propriété des enfants donataires co-partagés; — qu'en conséquence, sur l'action en rescision de ce titre exercée pendant la vie du donateur, celui-ci aurait le droit d'intervenir dans l'instance et de demander que les objets donnés lui fussent immédiatement restitués, puisque la donation ne serait pas respectée telle qu'il l'aurait faite.

L'ascendant donateur dirait : Les partages d'ascendants par actes entre-vifs doivent participer de la nature des donations; ils peuvent donc être révoqués pour cause d'inexécution des conditions sous lesquelles ils ont été faits. Or, ma donation-partage n'étant point exécutée par les donataires dans les proportions et les termes que moi, donateur, j'ai fixés, je trouve là une inexécution des conditions apposées à ma libéralité, et j'en demande la révocation. — Il n'y aurait rien d'exorbitant dans un langage pareil ; et nous ne serions pas étonné que ce raisonnement pût paraître juridique à ce point, qu'en l'état de la législation, il fût trouvé de nature à faire éconduire, à lui seul, les demandes en rescision ou en réduction comme irrecevables pendant la vie du donateur.

Mais notre réponse à une telle argumentation serait celle que nous faisions tout-à-l'heure à d'autres objections, et nous dirions encore : Il ne faut point perdre de vue qu'il ne s'agit pas d'une question de droit à résoudre par application ou par interprétation des textes qui nous régissent aujourd'hui. Ce dont il s'agit, au contraire, c'est de déclarer législativement que l'action en rescision pour cause de lésion, ou plutôt les deux actions de l'article 1079 pourront à l'avenir être intentées du vivant du donateur, et que la prescription contre ces deux actions courra à partir de la date de la donation-partage. — Or, il est bien évident qu'avec un texte pareil, l'ascendant qui se serait dépouillé de ses biens, par acte de partage-donation entre-vifs, n'aurait pas le droit de se plaindre d'une prétendue inexécution des conditions de sa libéralité, parce qu'un des enfants exercerait, de son vivant, l'une ou l'autre action de l'article 1079, ou même ces deux actions à la fois. — Il serait obligé de s'incliner devant les dispositions nouvelles de la loi et d'en subir les conséquences.

On insisterait peut-être, en faisant remarquer que des raisons de haute convenance devraient s'opposer à ce qu'un des enfants donataires pût être admis à actionner les autres devant les tribunaux, du vivant de l'ascendant donateur, pour critiquer la donation-partage, œuvre de concorde et de paix dans les prévisions du vieillard, et qui, sous ses yeux mêmes, deviendrait une occasion de discorde et de trouble.

Nous ne saurions nous dissimuler la gravité de cette considération morale. — Et toutefois qu'on veuille bien y réfléchir, — si l'exercice des deux actions de l'article 1079 C. Nap. continue à n'être admis qu'après le décès de l'ascendant, ses derniers jours ne seront point affligés, il est vrai, par le triste spectacle d'un débat judiciaire entre ses enfants, sur l'étendue de leurs droits dans les biens partagés ; — mais, ce qui est pire encore, le malheureux père de famille devra vivre désormais, sous l'influence de cette funeste pensée que le repos de sa famille pourra être troublé plus tard, et qu'un procès ruineux qu'il voulait, à tout prix éviter, surgira peut-être entre ses descendants, le lendemain du jour où il aura rendu le dernier soupir.

Nous voyons là des considérations qui se balancent et s'entre-détruisent. — Reste l'intérêt majeur, capital, qu'il y a de fixer sans retard,. et d'une manière irrévocable, le droit de propriété. Les conséquences qui en découlent nous paraissent saisissantes et décisives.. Elles bannissent de notre esprit toutes les hésitations qui peuvent y trouver place, et nous proposons l'ouverture des deux actions en rescision ou en·réduction de l'article 1079, à partir de la date même de l'acte de partage d'ascendant entre-vifs.

Avec un tel changement dans les dispositions de la loi, l'institution des partages d'ascendants inspirerait aux familles et à leurs conseils la confiance qu'elle leur inspirait autrefois, sous une jurisprudence qui pouvait n'être pas juridique, nous l'avons reconnu, mais qui offrait des avantages économiques considérables dont l'évidence avait certainement influé sur les décisions judiciaires de cette époque. — Voyez l'arrêt du 24 décembre 1845 rendu sous la présidence de M. Zangiacomi, au rapport de M. Lasagni et sur les conclusions conformes de M. l'avocat général Delapalme. — Les noms que nous venons de citer et la rédaction vigoureuse de cet arrêt en firent un des monuments de jurisprudence les plus remarquables de l'époque. —

— Que de transactions intervinrent alors sous l'influence de la règle qui semblait prévaloir !...

Troisième Modification.

En troisième lieu, on demande que la prescription des actions dirigées contre les partages d'ascendants soit réduite à un très court délai, à celui de deux ans, par exemple ; et l'on croit trouver dans cette innovation une amélioration notable à l'état actuel de choses.

Sur ce point encore, il nous est impossible de partager les idées de ceux qui proposent cette troisième modification, en maintenant pour point de départ du délai de la prescription la date du décès de l'ascendant. — Ce n'est certes pas que nous pensions qu'un délai de deux ans ne soit pas suffisant pour que chaque enfant donataire puisse être édifié sur la valeur des biens donnés ou sur celle de son lot en particulier, et que nous voulions nous montrer contraire à la réduction, en cette partie, du délai de dix ans de l'article 1304 C. Nap.

Les choses appréciées d'un point de vue général, il y a toujours un incontestable avantage à faire cesser au plus vite toutes les incertitudes sur le droit de propriété, et l'on peut dire de sa prompte stabilité : *Primariò spectat utilitatem privatam, et secundariò publicam.* Le délai de la prescription pour l'action rescisoire, en fait de vente d'immeubles, est de deux ans (art. 1676 C. Nap.). Nous ne voyons pas de bonne raison pour ne pas réduire à ce terme le délai de la prescription en matière de rescision des partages anticipés.

Le législateur serait donc conséquent avec lui-même en adoptant ce délai de deux· ans pour la prescription de cette dernière action, moins favorable, ce nous semble, que la première. — En effet, l'action de rescision contre un partage anticipé nous paraît inspirer moins d'intérêt que l'action de rescision contre une vente immobilière, et cela, sous un double rapport : En premier lieu, elle s'attaque à un acte solennel émané de la magistrature du père de famille ; en second lieu, elle n'a pas pour but de réparer, comme en matière de vente, une lésion énorme des sept douzièmes, mais bien une lésion beaucoup moins considérable, et le plus souvent d'une appréciation difficile.

Mais, cette réduction au délai de deux ans étant admise, quel avantage certain, immédiat, peut-il en résulter en vue du but qu'on se propose d'atteindre, à savoir : la pratique plus fréquente des partages d'ascendants, si l'on maintient le point de départ du délai de la prescription ?

Revenons à l'exemple d'un partage anticipé entre-vifs fait en 1840 et du décès de l'ascendant donateur survenu en 1865. — Le délai de l'action en rescision sera réduit à deux ans, si l'on veut. — Un acte de partage d'ascendant entre-vifs remontant à 1840 n'en sera pas moins utilement attaqué en 1867, puisque le point de départ de l'action en rescision sera la date du décès de l'auteur de ce partage. — Eh bien! il ne faut pas chercher ailleurs, croyons-nous, les causes légitimes des défiances et des appréhensions qu'inspirent aujourd'hui les partages d'ascendants.

Un homme de sens peut-il se résoudre à traiter un pacte de famille dont l'existence doit être compromise, vingt, trente, quarante ans après la date de sa conclusion? — Encore une fois, la réhabilitation des partages d'ascendants, la fréquence de ces actes si avantageux pour la paix des familles, si utiles à la bonne culture des champs et au mouvement des affaires, ne peuvent résulter que de ce fait tenu pour certain que de telles conventions seront prochainement inattaquables, et feront irrévocablement la loi de ceux qui les ont faites.

Il n'y aurait donc point à s'arrêter, suivant nous, aux modifications insuffisantes qui sont proposées. Les partages anticipés ne sont guère usités depuis quelque temps; on leur reconnaît cependant des avantages considérables; on veut les faire revivre. — Pour cela, que faut-il? — Entrer résolûment dans le système de la jurisprudence de 1845, et faire partir le délai de la prescription des actions de l'article 1079, du jour même de l'acte de donation-partage, pour les partages entre-vifs. Le délai ne courrait toutefois, cela va sans dire, pour les partages testamentaires, que du jour du décès de l'ascendant auteur de la disposition. — Dans l'un et l'autre cas, il devrait courir contre les femmes mariées et contre les absents, les mineurs et les interdits (argument de l'article 1676, C. Nap., 2ᵉ §).

Quand le législateur aura dit que les partages d'ascendants entre-vifs resteront à l'abri de la double attaque de rescision et de réduction, deux ans après qu'ils auront été faits, et que les partages testamentaires jouiront du même privilège, deux ans après le décès de l'ascendant, ces actes seront bientôt remis en usage, et la source des nombreuses contestations auxquelles ils ont donné lieu jusqu'ici sera promptement tarie.

Quatrième Modification.

Il nous reste à proposer une quatrième et une cinquième modification à notre loi des partages d'ascendants.

La quatrième consisterait à déclarer l'article 791 C. Nap. applicable à la matière qui nous occupe.

La faculté concédée au défendeur d'arrêter le cours de la demande en rescision et d'empêcher un nouveau partage, en offrant et en fournissant au demandeur le supplément de sa portion héréditaire, soit en numéraire, soit en nature, — cette faculté existe-t-elle aujourd'hui en matière de partages d'ascendants ?

La question est controversée, s'il s'agit d'une véritable action en rescision (voyez Grenoble, 25 novembre 1824, S. 25, 2, 336, Dal. 26, 2, 128 ; — Toulouse, 11 juin 1836, S. 36, 2, 556 ; Dal. 37, 2, 30 ; dans le sens de l'affirmative. — Riom, 25 avril 1818, S. 20, 2, 278 ; — Toulouse, 21 août 1833, S. 34, 2, 123 ; — Dal. 34, 2, 47 ; dans le sens de la négative).

La question est bien plus controversée, s'il s'agit d'une action en réduction proprement dite pour atteinte à la réserve légale. (Voyez notamment Cas. 17 août 1863, S. 63, 1, 59 ; — P. 64, 289 ; — Dal. 64, 1, 29 ; — et Aubry et Rau, t. 6, § 734.)

Pour se placer dans la vérité, il faut recourir, suivant nous, au *distinguo* de l'école.

Dans le premier cas, c'est-à-dire sur une action en rescision pour cause de lésion de plus du quart, nous admettons sans difficulté l'application de l'article 891.

Notre motif déterminant est celui-ci : L'article 891 est écrit au titre de la rescision en matière de partage ordinaire. Le législateur a cru devoir en adopter le principe, alors qu'il s'agit de partages judiciaires, bien qu'une telle disposition soit contraire, dans une certaine mesure, à la règle de l'égalité, au moins quant à la *nature* des biens. A *fortiori*, faut-il appliquer l'article 891 dans les partages d'ascendants plus favorables que les partages ordinaires.

Le droit de réparer la lésion et de parfaire la portion du demandeur en argent rentre, d'ailleurs, dans l'ordre d'idées qui fait reconnaître au père de famille la faculté d'apportionner chacun de ses enfants en valeurs mobilières ou en valeurs immobilières.

Mais, dans le deuxième cas, c'est-à-dire sur une action en réduction pour atteinte à la réserve légale, serait-il possible, en l'état de la législation, d'appliquer les dispositions de l'article 891, alors que la demande a pour objet le complément de la réserve, et qu'en ce cas le réservataire a le droit d'être rempli en biens fonds ou en valeurs héréditaires dépendant de la succession à laquelle il est appelé ?

Nous inclinons à répondre que non. L'ascendant est décédé; le droit de réserve est ouvert; ce droit consiste, pour les réservataires, à prendre *en nature*, par voie de retranchement, ce qu'il y a d'excessif dans l'attribution faite au préciputaire. (Voyez les art. 920 et suivants du C. Nap., et notamment les art. 929 et 930.)

Telle est aussi la jurisprudence de la Cour de cassation posée nettement par son arrêt du 17 août 1863 où il est dit qu'il serait difficile d'admettre que la disposition de l'article 891 pût être appliquée en matière de partage d'ascendant, lorsque l'action est fondée sur une atteinte à la réserve, l'*héritier réser-*

valaire ne pouvant être rempli de sa réserve qu'en biens ou valeurs de la succession.

Divers auteurs très accrédités professent, il est vrai, une opinion contraire; mais ils ne la soutiennent qu'en faisant de l'action en réduction du 2ᵉ § de l'article 1079 une action qui se confond avec celle du 1ᵉʳ § du même article. (Voyez M. M. Genty, p. 311; — Demante, Prog., nᵒ 479; — Troplong, *Des Donations et Testaments*, nᵒ 2333; — Marcadé, sur l'art. 1079.)

M. Demolombe suit la même opinion. — Il se fonde : 1ᵒ sur le texte de l'article 1079 qu'il trouve explicite; — 2ᵒ sur l'intention des auteurs de la loi, qu'il croit suffisamment manifestée dans les travaux préparatoires du Code Napoléon; — 3ᵒ sur le principe que les deux actions autorisées par l'article 1079 seraient de même nature.

A l'appui de l'opinion contraire, on répond que l'expression générique, *le partage pourra être attaqué*, dont s'est servi le législateur, comprend à la fois la demande en rescision et la demande en réduction. De ce que l'article 1079 emploie la même locution dans ses deux paragraphes, il ne suit nullement, dit-on, qu'une seule action soit ouverte pour les deux cas prévus. — Dans le premier, le législateur entend, comme dans l'article 887, une action de *rescision;* — dans le deuxième, comme il arrive toutes les fois que la réserve est entamée, c'est une action de *réduction* qui se trouve autorisée conformément aux articles 920 et suivants.

La pensée du législateur n'est-elle point, d'ailleurs, assez manifeste lorsqu'il parle, d'une part, d'*attaque pour lésion*, et, d'autre part, d'*attaque pour avantage plus grand que la loi ne le permet ?* (Voyez Aubry et Rau, t. VI, p. 238; — Massé et Vergé, t. III, p. 314; — Dal., *Jurisp. gén.*, v° *Disp. entre-vifs*, n° 4618.)

Ajoutons que la jurisprudence prévaut, en ce sens qu'un partage d'ascendant qui renferme des dons préciputaires excessifs ne peut être attaqué que par voie d'action en réduction, et non par voie d'action en rescision, et que cette dernière action est limitée aux cas de lésion de plus du quart.

Or, sur une action en réduction, il y a nécessité de compléter en nature la réserve du demandeur.

Dans une telle situation, il nous paraîtrait fort utile de déclarer, par une disposition législative, l'article 891 formellement applicable aux deux actions de l'article 1079.

Cinquième Modification.

Notre cinquième modification porterait sur l'article 1078.

D'après ce texte, si le partage n'est pas fait entre tous les enfants qui existeront à l'époque du décès et les descendants de ceux prédécédés, le partage sera nul pour le tout; il en pourra être provoqué un nouveau, dans la forme légale, soit par les enfants ou descendants qui n'y auront reçu aucune part, soit même par ceux entre qui le partage a été fait.

Quels sont les cas dans lesquels il peut y avoir lieu d'appliquer ces dispositions radicales ?

Depuis le partage,

Un autre enfant sera né à l'ascendant;

Un enfant qu'on croyait décédé aura reparu ;

Un enfant naturel aura été légitimé par mariage subséquent;

Un enfant dont l'état n'était pas reconnu aura fait déclarer sa légitimité.

Toutes ces situations, et d'autres encore qu'il

serait possible d'imaginer, doivent être régies par l'article 1078.

Eh bien, ce texte, à notre avis, devrait subir une profonde modification.

. De deux choses l'une, ou il y aurait dans la succession des biens non compris au partage anticipé et suffisants pour remplir l'enfant prétérit de ses droits ; — ou bien, il n'y en aurait pas du tout, ou il n'y en aurait que d'insuffisants.

Dans la première hypothèse, l'économie du partage d'ascendant ne serait point dérangée ; cet acte serait maintenu tel quel, sauf les opérations de réunion fictive et de calcul pour déterminer, sur les biens de la succession, la part afférente à l'enfant omis. Cette part serait réglée, bien entendu, en tenant compte de la valeur au décès des biens partagés et de la valeur des biens existant dans la succession.

Dans la deuxième hypothèse, on procéderait par voie de *retranchement*, ou de *réduction*, sur les biens donnés ; et chaque enfant donataire devrait contribuer à parfaire la portion de son frère prétérit, *pro modo emolumenti*. Cette portion serait proportionnelle au nombre des enfants, s'il n'y avait pas de disposition préciputaire ; elle serait réduite à la réserve légale, si le péciput avait été donné.

La disposition nouvelle concorderait parfaitement

avec la faculté laissée au père de famille de distribuer son patrimoine dans le partage d'ascendant, selon les aptitudes et les convenances de chaque enfant.

En persévérant dans ses dispositions de partage devenues imparfaites, sans en faire d'autres, le père aurait le plus souvent manifesté sa volonté que l'enfant omis trouvât dans les biens non partagés la quote-part qui devrait lui revenir.

S'il y avait à procéder par voie de retranchement sur les biens donnés, on se conformerait aux dispositions des articles 920 et suivants du C. Nap.

Un dernier aperçu nous paraît digne de remarque : La simple donation en avancement d'hoirie est *rapportable*, sauf le bénéfice qui s'y trouve attaché par l'art. 845 du C. Nap. lequel a donné lieu à une si grande controverse, dans la jurisprudence et dans la doctrine;—la donation par préciput est *réductible;* — Ni l'une ni l'autre ne sont considérées comme nulles et non avenues au décès du donateur. Pourquoi la donation-partage, plus favorable aux yeux du législateur, serait-elle frappée, à cette heure, d'une nullité radicale et absolue ?

Indépendamment des espèces que nous avons indiquées, dès les premières lignes de nos observations sur l'article 1078, en voici une autre dans laquelle il y aurait lieu de faire application de ce texte.

Un père a deux fils, il leur attribue à chacun un domaine immobilier, par un partage d'ascendant entre-vifs. Des capitaux lui restent. — Plus tard, il lui naît un troisième enfant, une fille, cette fois. Le père, malgré la maxime, *nul n'est censé ignorer la loi*, ignore absolument que le fait de la naissance de sa fille a frappé son partage de nullité absolue. Dans cette ignorance, il fait ce raisonnement : une dot en argent convient à ma fille, on trouvera dans les capitaux de ma succession le montant de sa réserve légale ; mes deux fils garderont les immeubles que je leur ai donnés.

Mais ce résultat si naturel, si légitime, il serait impossible de l'atteindre aujourd'hui avec les dispositions de notre article 1078. — Avec le changement que nous proposons sur ce texte, tout serait pour le mieux, au contraire ; le partage d'ascendant serait maintenu, et la volonté du père de famille serait respectée.

Faudrait-il insister sur les avantages considérables qu'il pourrait y avoir, à ne pas frapper d'une nullité absolue, d'une nullité *de non esse*, une œuvre consacrée par le temps, nous voulons dire un partage d'ascendant entre-vifs remontant peut-être bien haut ? Qu'il nous suffise d'indiquer un tel ordre de considérations... La propriété des immeubles resterait assise...—Au surplus, l'innovation que nous proposons n'en est point une en réalité.

Sous l'empire du droit romain, le partage d'ascendant était valable, bien qu'il n'eût pas été fait entre tous les enfants ou descendants. Les enfants omis n'avaient pas d'autre droit que celui de demander leur légitime aux enfants donataires copartagés S. 32 et 36, *Cod. de Inof. test.*

Sous l'empire de notre ancienne jurisprudence française cette règle était suivie dans les pays de droit écrit. On peut voir là-dessus Furgole, *des Testaments* t. III, chap. VIII, sect. 1re, n° 149. où il s'exprime en ces termes :

« Quoique certains auteurs aient cru, notamment
« Ferrière, sur la Novelle 107, Chap. III, nomb. 4,
« que le partage serait nul, si quelqu'un des enfants
« était prétérit, il est pourtant certain, suivant les
« principes du droit romain, que cette disposition
« ne peut pas être annulée à cause de la prétérition,
« parce que ce n'est point un testament ; c'est une
« disposition *ab intestat,* qui doit valoir, ou comme
« codicille, ou comme donation à cause de mort, où
« il n'est pas nécessaire de faire mention de tous
« les enfants, ni de les instituer, ni de faire un ou
« plusieurs héritiers universels ; mais les enfants
« prétérits pourront demander leur légitime à la-
« quelle les ascendants ne peuvent donner aucune
» atteinte par leurs dispositions, à laquelle tous
» ceux qui ont reçu des lots, devront contribuer
» *pro modo emolumenti.* »

L'autorité du droit romain et de notre ancienne jurisprudence française dans les pays de droit écrit, s'ajouterait donc de tout son poids aux raisons que nous avons déduites en faveur de notre cinquième modification.

En résumé, la réforme législative sur la matière qui nous occupe devrait être admise, à notre sens, dans la mesure suivante :

1° L'ascendant donateur ou testateur pourrait attribuer à l'un de ses descendants tous ses biens immobiliers, et remplir les autres de la totalité de leurs droits en valeurs mobilières ou en argent.

Les articles 826 et 832 du Cod. Nap. resteraient donc inapplicables, ou tout au moins sans application obligatoire, aux partages d'ascendants.

Ces textes devraient même être modifiés, suivant nous, d'une manière absolue, en ce sens que les partages judiciaires d'après décès pourraient être faits par *voie d'attribution*, sans tirage au sort des lots, toutes les fois que l'intérêt des co-partageants pourrait l'exiger, suivant l'appréciation souveraine du juge, là même où il y aurait des absents ou des incapables.

2° Les biens compris dans un partage d'ascendant entre-vifs devraient sortir irrévocablement du patrimoine de cet ascendant. La propriété des biens donnés devrait être à jamais fixée sur la tête des donataires co-partagés, même au point de vue de la réserve légale et de la quotité disponible sur ces biens, sauf la double action de l'article 1079, C. Nap., et sauf la modification proposée sur l'article 1078.

En conséquence, au décès de l'ascendant, il ne resterait à partager, entre ses héritiers, que les biens qu'il pourrait avoir possédés à cette dernière époque, et ce serait sur la masse de ces biens seulement qu'on devrait fixer la réserve légale, et la quotité disponible de la succession, sans rapport réel ni fictif des biens compris dans le partage d'ascendant entre-vifs.

3° La prescription des actions dirigées contre les

partages d'ascendants en conformité des deux § de l'article 1079 du Cod. Nap., serait réduite à deux ans, et courrait, pour les actes de partage entre-vifs, du jour même de la donation-partage, et pour les partages testamentaires, de la date seulement du décès de l'ascendant testateur.

Dans les deux cas, le délai de la prescription ne devrait être suspendu ni en faveur des femmes mariées, ni en faveur des absents, des mineurs ou des interdits.

Ainsi, disparaîtrait la difficile question de savoir si dans les instances de rescision, pour cause de lésion, des partages d'ascendants entre-vifs, l'estimation des biens immeubles donnés doit être faite, suivant la valeur de ces biens au temps du partage, ou suivant leur état à cette époque et leur valeur au temps du décès de l'ascendant donateur. — L'action pourrait être exercée immédiatement après le partage, et dans les deux ans, au plus tard, de la date de cet acte. Il est donc manifeste que l'estimation ne pourrait avoir lieu que suivant la valeur des biens donnés au jour de la donation-partage.

4° Les dispositions de l'article 891 C. Nap. devraient être déclarées absolument applicables à la matière des partages d'ascendants, c'est-à-dire que la faculté accordée au défendeur d'arrêter le cours de la demande, en fournissant au demandeur le supplément de son droit, soit en numéraire, soit en nature, devrait être admise dans les deux cas de l'article 1079 C. Nap.

5° L'article 1078 devrait être modifié en ce sens que, dans les cas qu'il prévoit, le partage ne serait point nul, mais que l'enfant omis prendrait sa portion, ou sa réserve, dans les biens de la succession, et procéderait, *in subsidium,* par voie de retranchement sur les biens donnés.

Ce que nous proposons dans les deuxième et troisième numéros, en dehors de la réduction à deux ans du délai de la prescription, n'est pas autre chose, nous l'avons dit, qu'un retour, par la voie législative, à la jurisprudence de 1845.

Mais, ce que la jurisprudence était impuissante

à fonder, autrement que par la violation des principes du droit positif, la loi peut l'opérer, en modifiant ces mêmes principes, dans une pensée d'amélioration économique et sociale.

Un dernier mot avant de finir.

Loin de nous la pensée d'avoir dit, sur notre sujet, ce qu'il y avait de mieux à dire, — d'avoir proposé ce qu'il y avait de mieux à proposer.

Toutefois, notre travail ne manquera ni d'utilité, ni d'opportunité, s'il fournit matière à d'autres études et à de plus mûres réflexions sur les partages d'ascendants et sur les modifications législatives à opérer en cette partie.

Notre ambition, en tous cas, serait satisfaite si ce mince volume préparé avec soin, écrit avec conviction, et publié dans un but d'intérêt général, pouvait suggérer quelques idées nouvelles, ou tout au moins quelques inspirations heureuses, à Messieurs les Membres de la Commission supérieure de l'Enquête agricole, et à Monsieur le Rapporteur chargé de se livrer à une étude spéciale sur la législation des partages d'ascendants.

APPENDICE.

Diminution des droits fiscaux en matière
de partages-d'ascendants entre-vifs.

Le travail auquel nous nous sommes livré jusqu'ici contient notre réponse à la 155ᵉ question de l'enquête agricole, au point de vue particulier des partages d'ascendants.

La 156ᵉ question de la même enquête était celle-ci : « Quels sont, dans la législation fiscale, les points » auxquels il paraîtrait y avoir lieu d'apporter des » modifications que l'on considérerait comme utiles » à l'agriculture ? »

Cette dernière question est de nature à provoquer un examen général de la législation en matière de droits d'enregistrement, de transcription et de timbre. Les hommes spéciaux en cette partie pourraient y consacrer de longues et de fructueuses études.

Nous ne voulons qu'ajouter quelques lignes sur les droits à percevoir en matière de partages d'ascendants.

L'édit du mois de juin 1581 fut constitutif de l'enregistrement des actes publics et privés.

Si l'on interroge le préambule de cet édit, on doit penser que le législateur de cette époque se proposait « de régler et remettre ce qui avait esté altéré, » tant en l'ordre de la justice que police, faire ces- » ser les fraudes, procez, faulsetez, circonventions, » dont plusieurs ont cy-devant usé à la ruine d'au- » cuns,... procédant lesdits différents d'une infinité » de faulsetez qui se sont commises, et se commet- » tent chacun jour par aucuns notaires et tabellions » de notre royaume ès actes et contracts qu'ils pas- » sent et reçoivent. » (Voyez le préambule de l'Edit.)

Mais ces motifs pompeusement déduits étaient-ils bien sérieux ? — Le but de l'institution nouvelle n'était-il pas plutôt d'augmenter les ressources du trésor épuisé ?... Il n'est pas permis d'en douter si l'on se rappelle le nom du prince qui régnait alors sur la France et qui prodiguait indignement les finances du pays en faveur de ceux qu'on appela ses mignons.

L'article 7 de l'Edit, au surplus, ne manquait pas de porter : *que les deniers provenant de l'enregistre-*

ment des actes scraient employez tant à partie du payement des gens de guerre, estant aux garnisons et villes et frontières, et aultres dépenses pour le bien et conservation de l'Etat.

Depuis lors, d'autres édits royaux furent rendus pour l'établissement de divers tarifs ou de diverses perceptions de droits. On se rappelle notamment ceux de 1699, 1708 et 1722. — Le plus important, celui de 1722, en révisant les divers droits de contrôle, soumit tous les contrats à une perception fixe ou proportionnelle suivant leur nature et suivant un tarif déterminé·

Les 5-19 décembre 1790, l'Assemblée constituante abolit ces droits dits *de contrôle, d'insinuation, de centième denier*, et les remplaça par la perception unique connue sous le nom de *droits d'enregistrement*.

La loi encore en vigueur sur la matière est celle du 22 frimaire an VII, modifiée, sur certains points. par diverses lois ultérieures.

Parmi ces dernières lois se trouve celle du 27 ventôse an IX, laquelle avait prescrit (art. 10) que l'article 69 de la loi du 22 frimaire an VII, § 4 n° 1 et § 6 n° 2, serait appliqué aux démissions de biens en ligne directe.

Mais cette disposition fut modifiée par la loi du 10 juin 1824. — Aux termes de l'article 3 de cette dernière loi : « Le droit d'enregistrement fixé par les § 4 et 6 de l'article 69 de la loi du 12 décembre 1798 (22 frimaire an VII), pour les donations entre-vifs en ligne directe, à 1 fr. 25 c. par 100 fr. sur les biens meubles, et à 2 fr. 50 c. sur les immeubles, est réduit en ce qui concerne les donations portant partage, faites par actes entre-vifs, conformément aux articles 1075 et 1076 C. Nap., par les père et mère ou autres ascendants, entre leurs enfants et descendants, au droit de 25 c. par 100 fr. sur les biens meubles, et de 1 fr. par 100 fr. sur les immeubles, ainsi qu'il est réglé pour les successions en ligne directe. — Le droit de 1 fr. et demi pour cent, ajouté au droit d'enregistrement par l'article 54 de la loi du 28 avril 1816, ne sera perçu, pour lesdites donations, que lorsque la transcription en sera requise au bureau des hypothèques. »

Les droits d'enregistrement exigibles sur un partage d'ascendant entre-vifs seraient donc ceux établis par la loi du 14 juin 1824.

Mais ces droits, qui sont l'équivalent des droits de succession en ligne directe, ont été fixés par la loi du 18 mai 1850 à 1 fr. par 100 fr., tant sur les biens meubles que sur les biens immeubles, l'article 10 de cette loi s'appliquant à toutes les transmissions à titre gratuit entre-vifs ou par décès.

Tout serait bien, n'était le droit additionnel de

transcription de 1 fr. 50 c. à percevoir sur les partages d'ascendants entre-vifs, lors de la transcription de ces actes au bureau de la conservation hypothécaire.

Dans une pensée de faveur pour les partages d'ascendants, le droit proportionnel de transcription n'est pas exigé, selon les prescriptions de la loi de 1824, tant que la formalité de la transcription du partage entre-vifs n'est pas requise.

Mais, surtout depuis la loi du 23 mars 1855 relative à la transcription hypothécaire, qui voudrait ne pas faire transcrire un partage d'ascendant entre-vifs dans lequel se trouveraient compris des immeubles? — Un partage d'ascendant entre-vifs non transcrit pourrait rester sans effet; il n'investirait pas les donataires de la propriété des immeubles donnés, du moins à l'égard des tiers.

Il est donc certain que les droits à percevoir maintenant sur un partage d'ascendant entre-vifs sont de 1 fr. pour 100 en vertu de la loi de 1850, et de 1 fr. 50 c. pour 100 en vertu de la loi de 1816, ce qui fait une perception exorbitante de 2 fr. 50 c. pour 100, outre les droits de soulte, s'il y en a.

Mais le partage d'ascendant constitue une sorte de succession anticipée. Il serait donc équitable et logique que le droit à percevoir sur cet acte ne fût pas autre qu'un droit de succession ou de mutation par décès.

En conséquence, nous proposerions que le droit d'un pour cent perçu sur les partages d'ascendants fût maintenu tel quel.— *Mais que le droit de 1 fr., 50 c. pour cent sur la transcription de ces actes fût supprimé et converti en un simple droit fixe d'un franc.*

Nos raisons à l'appui de la suppression du droit proportionnel de transcription sont les suivantes :

1° Celle que nous indiquions, il n'y a qu'un instant. Le partage d'ascendant est un partage anticipé des biens, ou d'une partie des biens qui composeraient la succession. — Pourquoi ne pas réduire le droit à celui d'une mutation par voie de succession ? — La loi civile se montre favorable aux partages d'ascendants. La loi fiscale ne doit donc pas, sans inconséquence, les traiter plus durement que les partages d'après décès.

2° La suppression du droit proportionnel de transcription sur les partages d'ascendants entre-vifs mettrait ces partages, au regard de la loi fiscale, sur le même pied que les partages testamentaires.

Ces derniers partages ne doivent point être transcrits. On sait, en effet, que les testaments-partages sont affranchis de la transcription, comme toutes les mutations opérées par acte de dernière volonté. Le partage d'ascendant entre-vifs et le partage d'ascendant testamentaire seraient donc soumis à un droit proportionnel uniforme, ce qui serait conforme à la plus stricte justice. — Le droit de transmission de 1 pour 100 sur les partages d'ascendants testamentaires ne se perçoit même que dans les six mois du décès du testateur, conformément à l'article 24 de la loi de frimaire an VII, à suite de la déclaration que les héritiers sont tenus de faire.

3ᵘ Il importe, au point de vue de l'intérêt des familles, de l'agriculture et de la société, que les partages d'ascendants entre-vifs se multiplient ; tout le monde le reconnaît.

Dans ce but, ne convient-il pas d'en réduire le droit fiscal à ce que commande l'équité ? — Or, il faut remarquer qu'indépendamment du droit dont nous avons parlé et qui doit être perçu sur tous les partages d'ascendants, le plus souvent un autre droit fort onéreux est dû sur tous ces actes, nous voulons dire un droit de soulte auquel il y a lieu, toutes les fois que l'un des copartageants est chargé de payer à un ou plusieurs autres copartageants une somme d'argent.

4° Les particuliers gagneraient à la réduction proposée, et le Trésor n'y perdrait pas, croyons-nous.

D'une part, les partages d'ascendants seraient

plus nombreux; de l'autre, si une perception d'é-
gale importance est certaine pour le fisc au décès de
l'ascendant, cette perception se fait sur le partage
d'ascendant entre-vifs, 10, 15, 20 ans avant le décès, ce qui donne au Trésor des ressources immé-
diates, et un profit considérable à raison des intérêts
des sommes payées par anticipation

Nous terminerons par une réflexion générale en
matière de droits fiscaux.

Diminuer la quotité proportionnelle de certains
droits, serait le meilleur moyen, peut-être, d'augmenter le chiffre des perceptions.

Que de conventions privées, même portant vente
immobilière, restent à l'état latent! L'élévation des
tarifs invite à les dissimuler...

Que de fraudes commises contre le fisc auxquelles, — fort mal-à-propos, — ne répugnent pas des
hommes scrupuleux en toute autre affaire! La même
cause invite à les pratiquer...

Nous ne croyons pas nous tromper, le jour où les
tarifs seraient convenablement abaissés, les caisses
du Trésor ne se trouveraient pas moins pleines.

Les impôts sont indispensables, sans doute, pour subvenir aux diverses charges de l'Etat, et le chiffre total des droits d'enregistrement s'élève à des sommes très considérables. — N'importe, le fisc pourrait retrouver dans un plus grand nombre d'actes qui lui seraient soumis, et surtout dans la cessation ou la diminution tout au moins des combinaisons frauduleuses, faites à son préjudice, une compensation suffisante à ce qu'il perdrait par une réduction dans le chiffre proportionnel de ses tarifs les plus élevés.

Les exemples abondent à l'appui de ce que nous ne faisons qu'indiquer; — ces exemples sont présents à tous les esprits; — il serait superflu de les rappeler.

TABLE DES MATIÈRES.

Pages.

INTRODUCTION.   5

§ 1er.

Si les articles 826 et 832 du Code Napoléon sont rigoureusement applicables aux partages d'ascendants?   9

§ 2.

De l'estimation des immeubles ordonnée en exécution de l'article 1079, C. Nap. — Dans les deux cas prévus par ce texte, elle doit avoir lieu suivant la valeur des immeubles à l'époque du décès du donateur, mais eu égard à leur état au moment de la donation-partage.   45

§ 3.

Pages.

Des modifications à introduire dans la loi des partages d'ascendants 100

Première Modification.

Considérations juridiques, économiques et morales à l'appui de cette solution que l'ascendant doit pouvoir attribuer tous ses immeubles à l'un de ses descendants et remplir les autres en valeurs mobilières ou en argent.................. 105

Les articles **826** et **832** du C. Nap. devraient même être modifiés en ce sens que les partages judiciaires d'après décès pourraient être faits, par voie d'attribution, sans tirage au sort des lots, toutes les fois que l'intérêt des co-partageants pourrait l'exiger, suivant l'appréciation souveraine du juge............................ 135

Deuxième Modification.

Les biens compris dans un partage d'ascendant entre-vifs devraient sortir absolument du patrimoine de cet ascendant. — Retour législatif à la jurisprudence de la Cour de cassation de 1845................................ 140

Troisième Modification.

Pages.

La prescription des actions dirigées contre les partages d'ascendants , en vertu des deux paragraphes de l'article 1079, C. Nap., devrait être réduite au délai de deux ans, — et courir pour les partages entre-vifs, du jour même de la donation-partage et', pour les partages testamentaires, du décès de l'ascendant.......... 151

Quatrième Modification.

Les dispositions de l'article 891, C. Nap., devraient être déclarées applicables à la matière des partages d'ascendants, dans les deux cas de l'article 1079................................. 155

Cinquième Modification.

L'article 1078, C. Nap., devrait être modifié en ce sens que, dans les cas qu'il prévoit, le partage ne serait point nul, mais que l'enfant omis prendrait sa portion, ou sa réserve, dans les biens de la succession jusqu'à concurrence de ce qu'il y trouverait, et procéderait, *in subsidium*, par voie de réduction sur les biens compris dans la donation-partage.......................... 160

Résumé des modifications proposées sur la loi civile en matière de partages d'ascendants..... 165

APPENDICE

Pages.

Modification de la Loi fiscale en matière de partages d'ascendants entre-vifs. — Le droit de 1 fr. 50 c. pour cent sur la transcription de ces actes devrait être supprimé et converti en un simple droit fixe. 171

ERRATA.

Page 17, ligne 10 , après le mot ruine mettre un .

Page 34 , avant-dernière ligne, *lisez :* pacte , *au lieu de* partage.

Page 50, ligne 20 , *lisez :* les, *au lieu de* le.

Page 86 , ligne 9 , *lisez :* pour, *au lieu de* par.

Page 161 , avant-dernière ligne, *lisez :* préciput , *au lieu de* péciput.

Lyon. — Imp. Nigon.

Lyon. — Imp. J. Nigon, rue Poulaillerie, n° 2.